祝

yoshikazu

111歳。やっぱり、めでたい！

山下義一

南々社

111歳。やっぱり、めでたい！

山下義一

はじめに／111歳＝皇寿を迎えた私の思い

私は、この4月10日で111歳を迎えました。耳慣れない言葉だと思いますが「皇寿」と言います。「皇」の字は「白」と「王」に分けられ、「白」は「白寿」と同じく「百」の字の「一」をとると「白」になることから「99」、「王」は分解すると「十」と「二」で「12」。両方を足すと「111」になることから、こう呼ばれるそうです。

さて、2年前の2016年に『109歳、私の幸福論』という初の著書を出させてもらいました。ありがたいことに、多くの方に読んでいただきましたが、今回『私の幸福論』の第二弾として「111歳。やっぱり、めでたい！」のタイトルで、もう一度筆を執ってみることにしました。特別な人生だったとは思いませんが、人さまよりも多少なりとも長く生きて、今でも「現

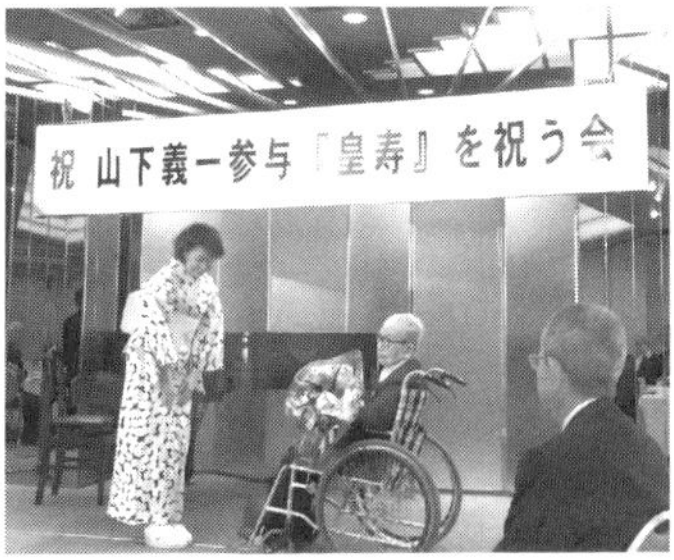

山下義一参与『皇寿』(111歳)を祝う会
(広島西部モラロジー事務所主催)

111歳のお誕生日を迎えて
(山下さん)

役」だと思っている111歳の私の思いが、みなさんが生きる上で何がしかの参考になれば幸いです。

正直な話、私はこの年齢まで長生きできるとは想像もできませんでした。でも、せっかく与えられた人生なので、これからも有意義に過ごしたいと思っています。とりあえずは、明治―大正―昭和―平成に次ぐ、新しい時代をしっかり生きながら2020年に開催される東京五輪も楽しみたいと願っています。

もくじ

yoshikazu

yoshikazu

yoshikazu

■装幀／スタジオギブ
■カバーイラスト／平尾直子
■本文 DTP ／濵先貴之（M-ARTS）
■撮影／中野一行

第1章

有意義に生きる

定年後になると一気に老ける人がいます。
これは勤めの頃と違って、
時間通りに生活をしなくなるからでは…。
何歳になっても、規則正しい生活を心がけましょう。

どんなお金持ちでも、そうでない人でも、「1日24時間」は共通で、ある意味平等です。その24時間をいかに有意義に使うかが大切だと思います。現役のときは時間に追われ、1分1秒を大切にしていても、定年後は気が緩むのか、時間を気にしない人も多いようです。のんびり過ごすのはいいことですが、無駄に過ごすこととは違います。

私はこの歳になっても朝6時に起きて、体調が思わしくないとき以外は、夜寝るまでベッドに横になりません。1日のほとんどは自分の部屋で過ごしますが、机に向かってパソコンを打ったり、新聞を読んだり、テレビを見たりと、けっこう忙しい生活を送っています。常に頭を動かしていますが、別の意味では、淡々と日常を送っているともいえます。

椅子に座ったままの体操など、施設内でのイベントにもできるだけ参加しています。空いた時間には歩行器を使って部屋の中をウロウロします。正直あと何年の人生かは分かりませんが、できるだけ規則正しい生活を続けながら、後悔のない人生を過ごすことができれば、最高の幸せだと思います。

山下さんに学ぶ 百寿時代の生き方①

「ベストライフ広島」施設長の高野まゆみさん

山下さんが入居されたのは103歳のときでした。かなり高齢での入居で、少しばかり心配もしていましたが、取り越し苦労でした。日々を大切に過ごすという強い気持ちを持っていて、その意味でも本当に「優等生」です。これからも施設の模範であってほしいと思います。

年に一度の「あいさつ」を楽しみましょう。
年賀状を書くことは、
自分の人生を振り返り、
これからの目標を考える上でも効果的です。

毎年12月、年賀状の作成に取りかかっています。裏面の文章を考えることから始めます。親戚や趣味の仲間、地域でお世話になった方、「モラロジー」で一緒に学んだ方に書いています。その枚数は減って現在は150枚程度ですが、宛名は必ず自筆です。昨年は、せっかく考えた文章をパソコンに入力した後にデータが消えたので、頼りになる甥を呼び出しました。

最近は年賀状を出す人が減っていると聞きますが、歳を重ねるほど年賀状は大切では、と思うようになりました。社会や地域とつながっていると実感するからです。実際に赴いたり、電話をかけたりする手段もありますが、年賀状を書くことは自分の人生を振り返ることになるし、これからの目標をあらためて考える上でも、効果的です。

平成30年の年賀状には「生きること楽しき老いの花衣」と「もて余すほどの齢や風光る」の二句を載せました。今の私の素直な実感です。

昔のように、言葉も漢字もすぐには頭に浮かびませんが、電子辞書を片手に、ゆっくりと年賀状に向き合っています。いつまで続けられるか分かりませんが、できるだけ長く一年に一回の「あいさつ」は続けたいと思っています。

山下さんに学ぶ
百寿時代の生き方②

聞き手からの一言

少し震えた字でしたが、丁寧に一文字ずつ宛名を手書きした年賀状が届きました。印刷された宛名が多い中、ひときわ目を引いた山下さんからの年賀状からは、生きる力がそこはかとなく感じられました。年賀状の「往復」をこれから2年、3年と続けたいと思いました。

身の回りをきちんとすると
心の整理もできます。
もちろん自分磨きにも有効だと思います。

「ベストライフ広島」の私の部屋の奥には、大きな本棚が2つありま す。そこにはパソコンに関する資料や、小冊子を作るための資料などを分野別に並べています。長年関わっている「モラロジー」の本や資料もたくさんあります。

どこに何が納められているか、一応頭の中に入っています。歳を取るとモノを探す時間が増えると聞きますが、私の場合はそんなにないと思います。それでも資料は増えるばかりなので、時々は、捨てるように心がけています。流行の言葉で言えば「断捨離」でしょうか。その言葉が世に知られる前から、整理整頓をしてきました。

これはサラリーマン時代に経理を長年担当し、そのときに身につけた習慣です。上司から「書類を持って来てくれ」と指示されたときに、すぐに対応する必要があったからです。

もうひとつ工夫しているのが、すべきことを書いた紙を入れるボックスがあることです。とりあえず気がついたことを書いて、中に入れておくのです。そうすると無駄な時間が省けるのと、やるべきことを忘れないからです。みなさんもやってみてはいかがでしょうか。

山下さんに学ぶ
百寿時代の生き方③

聞き手からの一言

「断捨離」や「終活」などの言葉がさかんに使われていますが、それらは手段であって、目的ではありません。いかに充実した悔いのない人生を送るかが大切で、そのための「断捨離」や「終活」というわけです。山下さんを見ながら、整理整頓の大切さを再認識する日々です。

111歳生涯現役宣言

④

――「明日の仕事」

1日にすべきことを書いて、
箱の中に入れておくことをお勧めします。
その上で、本当にすべきことかどうか
取捨選択すれば、充実した1日になります。

整理整頓の話の続きです。私の部屋に来た人が一番驚くのは、本と書類の多さです。とりわけ驚かれるのが、冷蔵庫を開けたときに、缶コーヒーに混じって、その中にも本があることです。収納場所がなくなったので、苦肉の策でした。本当はもっと多いのですが、少しずつ不要な物は処分しています。

もうひとつ驚かれるのが、さきほども述べましたが、1日にすべきことをメモした紙を入れておく箱の存在です。その箱には「明日の仕事」と書いてあります。日々を大切にしたいとの思いから、お菓子が入っていた箱を使っています。この箱の最大の効果は、「何をするのだったか」と悩むことが少なくなった点です。

この歳になると、多かれ少なかれ忘れてしまうことが増えるので、それを自覚した上で、この方法は一番有効と思っています。もちろん、この箱に入れた紙の内容をすべて行う必要はありません。その紙を見たときに、もう一度必要だったかどうか再確認ができることが重要です。その取捨選択こそ、自身の心磨きにも大いに役立っていると実感しています。

山下さんに学ぶ 百寿時代の生き方④

聞き手からの一言

整理方法のひとつとして、スケジュール管理は大切です。現役時代は仕事の面では、多くの人が行っていると思いますが、定年後は「毎日が日曜日」になって、忘れる人も多いのではないでしょうか。その点、山下さんは何歳になっても、「毎日が特別な日」と思い、有意義に過ごされています。

確定申告も面倒くさがらずに
自分で挑戦してみましょう。
自身の生活のチェックにもなります。

60歳のとき、広島地方貯金局で定年となり、その後、3つの会社で計11年働きました。通算60年間仕事に就いたことになりますが、現役時代は管理や庶務畑が長く、「数字」とも長く付き合ってきました。そのためか、今も「数字」に抵抗感はそれほどありません。

現在も続けているのが年1回の確定申告のための作業です。その前段階として、領収書などは自分で管理して、必要なものはノートに貼り付けています。さすがに時々、面倒くさいと思うことはありますが、「自分でできる」という自信を持つことが、今の私にとって大きな財産になっています。「できない」と思うことが増えることで、自分の残された機能が減っていくと感じています。

今の若い世代からすれば、少しうらやましがられる年金をもらっていますが、その年金を大切に、有効的に使う意味でも、自分で確定申告の作業をすることが重要だと思っています。これまで私を支えてくれたいろいろな団体などに、少しでも多く寄付ができればと思いながら「数字」と向き合っています。いつまでも頭と体の両方が元気でいたい、と思う日々です。

山下さんに学ぶ 百寿時代の生き方⑤

甥の山下敏光さん

ずいぶん昔のことですが、私は高校時代に貯金局でアルバイトをしたことがあります。そのとき、伯父は課長でたくさんの部下がいましたが、上司としても理想的な人といわれていました。たぶん数字の管理を含めて、自分自身にも厳しい上司だったのではないでしょうか。

生きたお金の使い方に気を付けましょう。
あくまでも実りある老後を送るのが第一で、
お金そのものに踊らされるのは無意味です。

実りある老後を暮らすには、何が必要でしょうか。健康が一番大切ですが、やはり先立つものも欠かせません。ぜいたくは必要ありませんが、何かと出費はかさむものです。

最初の公務員を退職した後、その後3回、再就職をしました。体が元気なうちは働いて、社会に貢献したいと思っていたからです。その時代の男たちは、趣味よりもとにかく仕事が優先でした。合計すると60年間も働いていたことになります。

そのため幾ばくかの年金をもらっています。このご時世ですから、一番多いときと比べると年50万円近くは減少していますが、「ベストライフ広島」の利用料は捻出できています。もちろん生活費もかかりますが、これまでの蓄えと、デイサービス「にこにこサロン」として自宅を提供している賃料でどうにかやっています。

節約は欠かせませんが、必要なものにはお金は使うべきでしょう。私の場合は、かれこれ60年も続けている「モラロジー」には、寄付などでそれなりの金額を費やしています。自分への投資は、何歳になっても続けるべきだと思います。

山下さんに学ぶ百寿時代の生き方⑥

聞き手からの一言

高齢者を対象にした雑誌では、老後にいくらかかるか特集が組まれています。高い金額を目にしますが、欠落しているなと思うのは、どんな老後を送りたいかという視点が少ないということです。山下さんの場合、年金などかなり恵まれていますが、自分への投資という明確な目的を持たれています。

住み慣れた場所はいいものです。
いろいろな思い出を振り返ることも
明日の活力につながります。

外出は楽しいものです。現役時代や定年後、ボランティアに精を出していた当時も、あちこちに出かけていました。今、定期的に外出しているのは、かつて住んでいた自宅への「帰省」だけです。基本的に第４火曜日の午後に決めています。

その場所は、２００９年に「ベストライフ広島」に入居するまで、40年間住んでいた我が家です。85坪の敷地に、１階25坪、２階15坪の建物は、苦労して手に入れただけに思い出が詰まっています。現在、１階部分はデイサービスセンター「にこにこサロン」として利用してもらっていますが、２階は当時のままになっています。

多くの本やテニスなどでいただいたトロフィーもそのまま飾ってあります。それ以上に妻との思い出が、そこにはいっぱい詰まっています。「昔はよかった」と過去を振り返るだけの人生は「よし」とはしませんが、明日へのために過去を見つめ直すのは大切だと思います。

「古きをたずねて新しきを知る」という言葉がありますが、自分の人生の中でも当てはまると思います。思い出を大切にしながら、新しい事に挑戦していく覚悟です。

山下さんに学ぶ 百寿時代の生き方⑦

「にこにこサロン」の谷本純子さん

山下さんのご自宅を格安で、デイサービスセンターとして貸してもらっています。体の調子が思わしくないこともありますが、「自宅」に帰って来られたときは、うれしそうです。亡くなった夫人のお話をすると笑顔になられます。いつまでもお元気でいてください。

「困った」よりも「できる」

「参った」よりも「素晴らしい」

相手の長所を見るように心がけましょう。

一度限りの人生だから、できるだけ楽しく生きようと思っています。そのためには、悲観し過ぎないことが大切です。もちろん人生は楽しいことばかりではありませんが、プラス思考は重要です。言葉を換えれば、極力、自然体で生きていきたいと思います。

例えば「暗病反言葉」（あんびょうたんことば）に対するものとして「明元素言葉」（めいげんそことば）があります。「充実している、簡単だ、楽だ、まだ若い、可能だ、幸せだ。素晴らしい、やれる、面白い。利口だ」など積極的、肯定的な言葉を使うようにしています。

成功する人はポジティブな言葉を使う人が多いようです。これに対して失敗する人は、否定的な口癖が多いと感じられます。マイナス思考では、決して良くなりません。

実はこのような考え方に至ったのは、私の人生では早くはありませんでした。「モラロジー」という考え方に出合ってからともいえます。50歳を過ぎた頃でしたから、一般的には人生の折り返し地点を過ぎてからです。以来、職場でも家庭でも、良い関係を築くために、相手の長所を見るように心がけています。

山下さんに学ぶ百寿時代の生き方⑧

モラロジー仲間の櫻井嘉治さん

山下さんからは多くのことを学びました。口に出すアドバイスよりも、山下さんの後ろ姿を見ながら教わったことが多いと思います。人の悪口を言うのを聞いたことがありません。小言を発したくなることもあったのでは、と思いますが、常に相手の良い所を見ていたように思います。

自分磨きをすることが大切です。
そのためにはいろいろな種まきも必要で、
まずは人の喜ぶことからスタートしましょう。

前回の本を出版するとき、いろいろとタイトルを考えましたが、最後まで残ったものに「われは咲くなり」というのがありました。結局は「幸福論」にしましたが、個人的には、今でも捨てがたいタイトルだったと思います。このタイトルの気分、心持ちは、当時の109歳でも、今の111歳でも、これからの人生でも決して変わりません。むしろ強くなっているかもしれません。

心を磨くこととは、良いことを知ったら、それを続けることです。そのときの気分、そのときの思いの基本にあるのが「われは咲くなり」という考えです。「咲くなり」とは、輝き続けると言い換えてもいいと思います。自分磨きをするには、自身が「咲く」という気持ちがないとモチベーションを維持できません。

その上で、運命を良くするには、いろいろな種まきをすることが大切です。良い種まきとは、人の喜ぶことをすることです。そうすれば信頼され、尊敬されるという好循環が生まれます。元気で長生きをするためにも、人の喜ぶことを進んで行い、これがまさに「われは咲くなり」につながるわけです。

山下さんに学ぶ百寿時代の生き方⑨

「ベストライフ」広報の田村司さん

「ベストライフ」は全国に多くの施設があります。どの施設でも入居者さんが生き生きと生活されていますが、中でも最高齢の山下さんは、みなさんの憧れ的存在でもあるので、機関誌で紹介させてもらいました。「自分磨き」の毎日には、本当に深い感銘を受けました。

これは、私の常日頃思っている「人生訓」です。
暇を見つけては、パソコンに向かい
原稿づくりをしています。
みなさんの「心の花束」になれば幸いです。

「心の花束」とは、私が長年にわたってつくっている、自分自身の「人生訓」です。きっかけは入所している「ベストライフ広島」で行ってていた「講話」のための原稿づくりでした。講話に向けて、「モラロジー」で学んだことを中心に、生きる上で心がけていること、大切にしてきたことを毎回まとめました。

その「講話」がなくなった後も、まとめる習慣はずっと続いていました。それらを毎年まとめて、簡単な冊子をつくり、友人・知人などに配布しています。多いときには1年に3種類もつくったことがあります。配った友人からは「ためになった」「次はいつ」などの声も寄せられ、そのことが一番うれしいことでした。これまでの「心の花束」は机の引き出しの中に大切にしまっています。ある意味、私の歴史そのものだからです。

実は、「講話」の終盤には、少し自信をなくしたこともありました。どんなに一生懸命にお話ししても、反応がなかったり、興味を示してくれなかった方もいたからです。でも今は、続けることが一番大切だと思い、日々、原稿づくりのためにパソコンに向かっています。

山下さんに学ぶ 百寿時代の生き方⑩

「ベストライフ広島」施設長の高野まゆみさん

山下さんには施設の中では、できるだけ自由に過ごしてもらっています。「入居者の前で話をしたい」との申し出があったときも「お願いします」とOKを出しました。人間は欲がないと長生きできません。物を書きたい、人と会いたいとの思いが、ひときわ強いようです。

「もう○歳」ではなく「まだ○歳」の気分で。
勉強も何歳になってもできます。
学ぶことは本当に楽しいものです。
まずは、興味のあることから始めましょう。

定年後に大学に入り直したり、カルチャーセンターや公開講座に通ったりするお年寄りの記事を度々目にすることがあります。平均寿命が年々長くなり、男性でも83歳に達しようとする中、定年後をいかに充実させるかで、その人の人生における満足度や価値を決定するとも思えます。

生涯学習、生涯現役、生涯青春などの言葉が好きです。もう20年近く前になりますが、93歳当時に書いた文の中に、このような記述がありました。

「昨年からボケ防止のためにワープロからパソコンに挑戦。県生涯学習センターと広島修道大学との連携講座で学び、21世紀の情報、環境の知識吸収に努めている。広島市民大学、広島市文化大学などにも10年余り出席している」

今思い返しても、しっかりと学んでいたようです。もちろん今もできる限り、学びを続けています。「もう○歳」ではなく「まだ○歳」を信念に、「生涯青春」を心がけていきます。青春の情熱を燃え立たせ、信念と自信と希望を持って、生涯学習に取り組んでいきます。

山下さんに学ぶ 百寿時代の生き方⑪

弟で105歳になる山下正巳さん

小さい頃から、兄は勉強好きでした。私と違って、成績も良かったと記憶しています。本を読むのが好きで、時には勉強も教えてもらいました。学校を卒業すれば勉強とは無縁になることが多いのに、兄はずっと続けていたのですね。本当に感心します。

昔と違って、
三世代で住むことは少なくなりましたが、
子どもたちと接すると、とても元気になります。
教えたり、教えられたり、
学ぶことはたくさんあります。

これまでの人生で心がけて来たのは、人づくりです。現役のときは、後輩、部下を少しでも一人前に育てたいと思い、時に厳しく、時にやさしく指導したつもりです。

今、この社会にとって一番大切なのは教育ではないでしょうか。私は毎年行われている教育サークルに関わってきました。学びたいと思う人を側面から支援する制度で、父兄や教員などが集まってつくりました。この制度を発案した一人として、少しでも教育の発展に尽くしたいと、運動を続けてきました。

ここ数年は参加できていませんが、「育てよう子どもの心、高めよう教師の心」をテーマにした学習の場に、何度か出席しました。

地元の中学3年生を対象にした社会福祉教育の場で、ゲストティーチャーとしてお話しする機会もありました。生徒たちはメモを取りながら、熱心に聞いてくれました。終了後には、生徒からたくさんの質問を受け、感想が書かれたアンケート用紙も送られてきました。私にひ孫がいたら、それよりも若いかもしれない生徒たちから、たくさんの刺激を受け、多くのことを学びました。

山下さんに学ぶ
百寿時代の生き方⑫

モラロジー仲間の男性

かつて山下さんは、「家庭座談会」という会合を各地で開催していました。それぞれの家庭を回りながら、「モラロジー」について話し合っていました。そこで教えることの楽しさ、難しさを学ばれたのでしょう。私は70歳になりますが、今も山下さんから多くのことを学んでいます。

配偶者が亡くなってからでも、
必要に迫られてからでも、構いません。
自立した生活のためにも、
自分のことは自分ですることが基本です。

「ベストライフ広島」の自室には、ベッドが2つ置いてあります。家内が生きていたときに片方を使っていましたが、今はその上はぽっかりと空いています。当たり前のことですが、時々、無性に寂しくなることもあります。

そのベッドとベッドの間に、洋服ダンスがあります。引き出しには「パンツ」「ズボン」「靴下」「ねまき」と書いてあるので、その中に何が収納されているかすぐに分かります。

洗濯そのものは施設のスタッフにお願いしていますが、収納はできるだけ自分で行っています。自分のことは、自分でやるべきだと思うからです。時々、配偶者が急に亡くなった男の人から、下着や食器の位置がまったく分からず困った、との声を聞きます。私からすると、信じられないことです。

今の若い世代と違って、明治生まれ、戦前育ちの私たちは「飯、風呂」がある意味、当たり前でした。でも時代が変われば、考え方も変えるべきです。良いと思ったことは、どんどん取り入れるべきです。必要に迫られたのも事実ですが、「自分のことは自分ですること」が身についています。

山下さんに学ぶ
百寿時代の生き方⑬

聞き手からの一言

私の母も一時、介護付き老人ホームに入所していました。自分のことが自分でできなくなったからです。できることは次第に少なくなりましたが、自立、尊厳のためにも、施設では挑戦することの手助けをしてもらっていました。たかが整理整頓ですが、されど整理整頓かも知れませんね。

⑭——似て非なるもの

良い「生活」と良い「人生」は、
まったく違うものです。
「人生」は他者との関わりから生まれ、
自分だけの幸せだけでは良くなりません。

「人生」の価値は、その長さではなく、いかに一生懸命に充実した日々を送ったかであると、一般的には言われています。確かにその通りですが、もちろん長生きできれば、まさに鬼に金棒とも思います。量は質を凌駕するとの言葉もあります。

充実した「人生」の定義ですが、「人生」と「生活」の言葉は分けて考えなくてはいけません。もちろん重なる部分は多いのですが、「人生」が概念的で、「生活」が具体的なものととらえることもできます。良い「生活」とは、ぜいたくな暮らしやリッチな環境が思い浮かびます。

「良い人生」について考えてみました。私が基本にしているのは、自分が犠牲を払っても、他人を幸せにする心意気です。もちろん自分自身はかわいいものです。自分以上とは言いませんが、少なくとも自分と同じ程度には、他者を気にかけた行動を心がけています。

自分からの積極的な行動でも、仕方なく行った消極的な行動でも、その根底にあるのは、どんな些細なことでも人様の役に立つかどうかです。若いときにはそこまでは達観できませんでしたが、今、こうして拙文を残しているのも、何かの役に立つのではと思うからです。

山下さんに学ぶ百寿時代の生き方⑭

聞き手からの一言

前回の「幸福論」の聞き取りでも、山下さんは「人生」と「生活」の違いには、とてもこだわっていました。きっと山下さんの行動の基準が、ここにあったのでしょう。ただ、肩ひじを張ることなく、自分も、他人もという緩やかな考えだったからこそ、長続きしたのかもしれません。

⑮ ――正義感の強い性格

「自分が」ばかり主張するのは、
固く狭い心に起因しています。
ちょっぴり広い心を持つようにしましょう。

私はどちらかというと正義感の強い性格でした。正義感の強さに関しては、今もそんなには変わりません。とにかく我が強く、強情な人物だった公務員時代に比べて、少しは丸くなったと思っています。

公務員時代は不満があれば、強く抗議していました。相手がたとえ先輩であろうと、上司であろうと気にしませんでした。表と裏がないので、ある意味では下からも尊敬されていました。ただ、あまりにも楯を突くので、結果的にうまく行かないケースも増えていました。

そんなときに、心を耕してくれたのが「モラロジー」との出合いでした。楯を突くのは、自分中心の考えに起因していると諭されました。なかなか痛い部分を突かれた思いでした。確かに「自分が」の思いは強かったと思います。

また、当方に非はなくても、その物言いで相手を傷つけることもありました。自分自身を理解したことで、固く狭かった心から、次第に柔らかく広い心へと変わったように感じます。もし、昔のままの性格だったら、こんなに長生きはしなかったと思っています。人生の軌道修正は、何歳からでもできるものです。

山下さんに学ぶ　百寿時代の生き方⑮

「にこにこサロン」の谷木純子さん

山下さんは、自分にも他人にも厳しいタイプです。最初に出会った頃は、独りよがりに陥ってしまうこともありましたが、随分丸くなられました。人間の性格はそんなに変わらないと言われますが、一概に決めつけられません。先入観をあまり持たない生き方は素敵だと思います。

規則正しい生活・行いは、
年齢を重ねるほど重要ではないでしょうか。
奇をてらうことなく、実直に生きることが
結局は早道だと思います。

私の24時間は、ほぼ毎日同じような繰り返しです。比較的、規則正しい生活と言うべきかもしれません。その時々を大切にしながら、淡々と過ごしています。変化がないことが、むしろ重要だと思っています。

その根底にあるのは、少々差し出がましいですが、まじめということです。最近の若い人の中には、ユーモアや受けを狙う傾向があります。もちろん物事を円滑に進めるには、とても大切なことだと思います。でも、それに固執する必要はありません。愚直に生きることを勧めます。その上で、結果的にユーモアが備わればよいと思います。

私はたまたま長生きをしていますが、それ以外に対して誇れるものはありません。もしあるとしたら、仕事、地域活動、そして今の施設での生活に全力で取り組んできたことです。

今は、自分の部屋で過ごすことが多く、机の上のテレビはほぼ一日中つけています。空いた時間は、パソコンに向かっています。決して無理をしているわけではありません。常に頭を使うことが、少しでもボケ防止につながるのではと思うからです。

山下さんに学ぶ 百寿時代の生き方⑯

「ベストライフ広島」介護士の山﨑晃英さん

入所されたときが103歳。111歳になった今も、メリハリをつけながら生活をしている姿には、感服します。実年齢も大切ですが、その人の生き方によって何歳にでもなることができます。いつまでも入居者のお手本的存在であってほしいものです。

第2章

楽しんで生きる

⑰ ――「耳だけ極楽」の戒め

人は、とかく聞いただけで
分かったつもりになるものです。
聞く耳を持つのは大切ですが、
それだけではありがたいお話も、
その効果は半減してしまいます。

「耳だけ極楽」という言葉に関して、こんな話があります。ある人が極楽に行くと、そこには餃子のようなものがニョキニョキと生えていました。何だろうと見てみると人間の耳でした。そばにいらっしゃったお釈迦様に「これは何ですか」と聞くと、「これは生きているときに耳で仏法を聞いて、知って分かったつもりだった者の耳だ。頭だけで実行が伴わなかったから、耳だけ極楽に来て体は地獄におちたのだ」とおっしゃったというお話です。仏法を正しく知り、身につけていくには、知った、分かったというだけの自惚れによく気を付けなければなりません。

言葉を換えると、よい話を聞いたら、実行しなくてはいけないということです。聞くだけでは意味がありません。聞いたからよくなるのではなく、実行したからよくなるのです。実行こそが生命です。

少し拡大解釈になるかもしれませんが、歌を楽しむときは聴くだけでなく、下手でもいいので、自分も声を出しましょう。実際、私も月1回訪れている「にこにこサロン」で大きな声で歌っています。みなさんも、恥ずかしがらないで歌ってみましょう。

山下さんに学ぶ
百寿時代の生き方⑰

モラロジー仲間の櫻井嘉治さん

山下さんとモラロジーを通じて付き合い始めて40年以上になりますが、「耳だけ極楽はよくない」とずっと言われ続けてきました。その根底には、みんなに幸せになってほしいから、できることを喜んでやらせてもらう、との気持ちがあるのではないでしょうか。

とにかく恥ずかしがらずに、
大きな声を出して歌いましょう。
気持ちも、考えも、きっと若返ります。

私にはいろいろな趣味があります。どの趣味も比較的長く続いていると思います。その中のひとつは、声を出して歌うことです。歌のうまい下手はともかく、111歳の割には大きな声が出ていると自負しています。それも月1回、講師として参加しているデイサービス「にこにこサロン」で、みなさんと4、5曲歌っているからかもしれません。

口先だけで歌うのではなく、腹から大きな声を出すことが大切です。若い頃はカラオケなんてなかったので、歌詞カードさえあれば、いつどこでも歌うことができます。

私の十八番は「船頭小唄」です。大声で歌うと気持ちもすっきりし、若返った気分にもなります。最後に決まって楽しむのが「青い山脈」の替え歌の「にこにこサロンの賛歌」です。恥ずかしがっている女性陣には「もっと声を出して」と言っています。

「若くあかるい　歌声に　悩みも消える　気も晴れる」という替え歌の歌詞ではありませんが、歌うことで「また頑張ろう」との思いも強くなります。

山下さんに学ぶ 百寿時代の生き方⑱

「にこにこサロン」の谷木純子さん

とにかく声が出るのには、びっくりさせられます。このにこにこサロンで講義をお願いして10年近くになりますが、昔より一段と若返った感じがします。「二人は若い」を歌うときのチャーミングなお姿は、とても魅力的だなと思います。

⑲ ――「テニス」の山下さん

「好きこそ物の上手なれ」
私の場合は、テニスと関わり続け、
今の体の元をつくりました。
無理をしないで、自分に合ったペースで
運動を続けましょう。

私の数ある趣味の中で、一番長くやって来たのは軟式テニスです。今風に言えば、ソフトテニスです。さすがに今はやっていませんが、私の体力の元になっているのは、この軟式テニスです。

最初にテニスに出合ったのは、はるか昔、戦前の台湾時代でした。職場にもコートがありましたが、今考えても「よくあんなコートで…」というくらいのものでした。戦後日本に帰った後、広島地方貯金局でもやりました。郵政省の全国大会では日本一になったこともあり、そのときのトロフィーは今も自宅に保管してあります。

職場では、名前で呼ばれるよりも、「テニスの山下さん」と呼ばれたものでした。日本復帰前の沖縄に指導に出かけたこともありました。

やはり長生きするには、体力が必要です。私の場合、80歳過ぎまでラケットを握って運動を続けていたのが大きかったと思います。テニスができなくなった後も、自宅の周りを歩くなど常に体を動かしてきました。今も散歩の代わりに、椅子に座ったままで上半身を動かしたり、食事の前に簡単な体操を行ったりしています。体力と頭脳の両輪がしっかりしてこその生きがいのある生活だと考えています。

山下さんに学ぶ 百寿時代の生き方⑲

聞き手からの一言

実は私も中学、高校時代に軟式テニスをしていました。もう40年以上も前です。山下さんと違うのは、ずっと続けられなかったことです。「忙しかったから」という言い訳に逃げない、山下さんの継続する気持ちが、今の元気なお姿につながっているのは間違いありません。

私が禁句にしているのは、
「もう歳だから…」です。
年齢を理由に、挑戦なく物事をあきらめるのは
愚の骨頂ではないでしょうか。

驚かれるかもしれませんが、私は朝起きて、寝るまでの間、基本的にベッドで横になることはありません。もちろん風邪気味とか、体調のすぐれないときは無理をしません。起きている時間のほとんどは、パソコンに向き合っています。両手打ちとはいきませんが、かな入力でキーボードをたたいています。最近は、あまり外出をしない身にとって、パソコンは私のかけがえのない「友達」です。

パソコンと初めて出合ったのは、80歳を過ぎた頃、近くの公民館で開かれていたパソコン教室でした。当時はワープロだったと思いますが、かれこれ30年になります。最初は「文字」を打つのに時間がかかりましたが、今はペンで書くより便利になっています。漢字を忘れたときには、手元の電子辞書が出番です。

「もう歳だから…」という理由で、新しい挑戦をあきらめる人もいますが、それはもったいないことです。自分でシャットアウトすると、手に入れることができたかもしれない多くのことを逃すことにもなります。これからも「可能な限り挑戦してみる」という心持ちを大切にしたいと思います。

山下さんに学ぶ
百寿時代の生き方⑳

甥の山下敏光さん

少し前、少し気弱になった伯父から「パソコンをやめようか」と連絡がありました。今の伯父にとってパソコンは元気の源だと思うので、「もう少し続けたら」と言いました。パソコンは頭だけでなく、手も指も使うので高齢者には向いているツールかもしれません。

111歳生涯現役宣言

㉑

――世の中の動きに注目

新聞や雑誌には、
できるだけ目を通しましょう。
情報を頭に入れるときには、
具体的な目標を持つことが大切です。

新聞を読んでいると驚かされること、勉強になることなど、数多くの事象に遭遇します。最近では大学生の約半数が1か月に1冊も本を読んでいないという記事がありました。若者の活字離れは深刻に思えます。

私は今でも必ず毎日、新聞に目を通しています。長年の習慣と言ってしまえばそれまでですが、世の中の動きに接していたい気持ちが強いからです。時間にして10分程度でしょうか。昔よりは文字の大きさが大きくなったとはいえ、記事の部分は読みにくくなったので、見出しを中心に読んでいます。

一番興味があるのは、やはりスポーツです。根っからのカープファンなので、自然とスポーツ面に目が向きます。政治にも興味があります。国会中継を聞くのも好きです。

新聞のほかにも、送られてくる雑誌もチェックしています。経済や宗教など興味の範囲は広いのではないでしょうか。テレビの国会中継にもチャンネルを合わせています。何か生かせる情報はないか、アンテナを張っておきたいと思っています。

山下さんに学ぶ百寿時代の生き方㉑

聞き手からの一言

山下さんの話題の豊富さに驚かされます。スポーツから政治、経済まで多岐に渡ります。しいていえば芸能界には疎いようですが、自分も同じようにいろいろなものに興味を持ち続けよう、チャレンジを続けようと思います。その影響もあって、新しい語学に挑戦を始めました。

長年応援し続けて、
今では生活の一部になっています。
テレビでも十分に楽しめます。
何歳になってもファンでありたいものです。

「新聞は欠かせない」と前に話しましたが、それは長年のファンである広島東洋カープの存在があるからです。少し前までは「私の生きているうちに優勝を見たい」と言っていましたが、それが実現し、昨年には何と2連覇も果たしました。人間欲が出るもので、今年は球団初の3連覇を期待している自分がいます。

長年、今風に言えばソフトテニス、昔風なら軟式テニスをやっていたこともあり、根っからのスポーツ好きです。する方も、見る方も両方です。今はもっぱらテレビ観戦です。一度は新しいマツダスタジアムに行ってみたいと思っていますが、まだかなっていません。

新聞で新しい選手の名前を見つけ、それを画面で確認するのも楽しいものです。それでも最近、カープは新しい選手が次々に出ているので、なかなか追いつくことができません。

趣味を持っている人ほど、有意義な人生を送ることができます。仕事に邁進しながら、合間に習い事をしたり、異業種の人と付き合ったりしている人も、最近では多いようです。広島に住んでいるのも何かの縁です。カープの応援を趣味のひとつに加えてはいかがでしょうか。

山下さんに学ぶ
百寿時代の生き方
㉒

聞き手からの一言

山下さんを訪ねると、まずは昨日の試合結果から話が始まります。テレビを見ることができないときは、地元紙のスポーツ面でチェックしているそうです。同じ趣味は年齢や性別を超えて、仲良くなれます。いつか、山下さんをスタジアムに連れて行ければと思っています。

111歳生涯現役宣言

㉓

――テレビ出演

出版をきっかけに忙しくなりました。
予想とは違った出来事でしたが、
思い出づくりと考えて
一生懸命に対処しました。

2016年末に、『109歳、私の幸福論』という本を出版しました。おかげさまで、「モラロジー」の全国の仲間を始め、いろいろなところから反響がありました。

その中のひとつに、熊本県の大学の先生から連絡をいただいたことがあります。戦前にかけて、日本から台湾に行った人たちを研究されており、私からもお話を聞きたいとのことでした。また、2回にわたって、私たちが住んでいた花蓮《かれん》にも足を運ばれました。参考になるかどうか不安でしたが、記憶をたどりながら、当時の生活ぶりをお話ししました。

加えて、地元のテレビ局からも多くの取材を受けました。この歳になってカメラ越しに取材されるのは、不思議な気分でした。かつて一世を風靡《ふうび》した「きんさん、ぎんさん」もこんな感じだったのでしょうか。「ベストライフ広島」の自室だけでなく、「にこにこサロン」にも足を運んでもらいました。

正直大変疲れましたが、一生の思い出になるとともに、これまでの自分の人生を振り返るのにも大いに役立ったと思います。時々、録画した番組を見ています。

山下さんに学ぶ
百寿時代の生き方㉓

聞き手からの一言

人生、何歳になっても新しいことに挑戦することは大事だと思います。その挑戦によって、予想もしなかった新しい「道」が開かれることもあります。広い意味での「生涯教育」「生涯学習」を具現化しているのが、山下さんだとあらためて感じました。

24 ―― 俳句で頭を使おう

紙と鉛筆さえあれば、
宇宙よりも広い、森羅万象の世界に
分け入ることが可能です。
「五・七・五」に励めば、
日々の新しい発見にもつながります。

俳句を始めて、もう20年以上になります。俳句歴は長いともいえますが、始めたのは米寿の頃からです。公民館の句会で指導を受けたのがきっかけでした。私の趣味の中では、比較的新しいものといえるかもしれません。

これまで、一体どれだけの俳句をつくったかは定かではありませんが、今でも続いているので、私の性格に合っているのかもしれません。

俳句づくりは私の生きた証のひとつと考えています。四季折々に、日々、感じたこと、感謝したこと、きれいだと思ったことなどを、季語を織り交ぜながらつくっています。とてもよい頭の体操になります。

手元にあるのが季語辞典です。季語の世界は旧暦が中心で、事あるごとに辞典を開いています。もうひとつ、机の引き出しにしまってあるのが俳句手帳です。思いつくたびに、これに書き込んでいます。その意味で、私の宝物です。

最近のお気に入りに「ヘルパーの　手の平のひら文字　汗ばみて」があります。これからも頭をフル回転させながら、俳句づくりに励みます。

山下さんに学ぶ
百寿時代の生き方㉔

「にこにこサロン」の
谷本純子さん

月1回の集まりのときに、山下さんは私たちの句を添削して持って来られます。疲れているときも、忙しいときもあると思いますが、きっちりと赤ペンで直してあります。まじめさに驚かされるとともに、私自身ももっと研さんを積まなければと思うこの頃です。

――季節を感じる

日本人ほど自然を楽しむ国民はいません。
「対立」するのではなく、「共存」しています。
身近な風景や出来事を、
「五・七・五」にしてみませんか。

俳句づくりに長年親しんでいますが、一番大切なことは、移りゆく自然に対するもの、言葉を換えれば花鳥風月に対して、アンテナを張っておくことです。というのも、俳句には必ず「春、夏、秋、冬、新年」を表す季語が必要だからです。

季語と言っても、言葉と季節がすぐにマッチするわけではありません。少しずつ勉強してやっと思い浮かぶようになります。それまでは、季語辞典を引きながら、「これは使える」「絵が浮かぶようだ」など熟慮しています。赤線を引いたり、付箋を付けたり、使い古されたその部分を見るにつけ、句作したときのことを思い出します。

俳句をつくるために意識的に感じていた季節ですが、いつのまにか無意識に感じるようになりました。そうなればしめたものです。季節を感じる心は、世界の中でも日本人が一番得意で、もしかしたら長生きの秘訣かもしれません。

おまけに俳句は何歳から始めても構いませんし、世代を超えて楽しめる趣味です。少し慣れてくると、新聞や雑誌に投稿して、掲載されればモチベーションも上がること請け合いです。

山下さんに学ぶ百寿時代の生き方㉕

「にこにこサロン」の谷本純子さん

山下さんの頭の中は、どうなっているのかと思うこともしばしばです。俳句の添削もお願いしていますが、毎回直して持って来られます。それほど外出する機会はなくても、常に外に向かってアンテナを張っているからこそ、言葉を紡ぎだすことができるのでしょうね。

自分にできることを少しずつ、
些細なことでもいいので
ボランティアのつもりで行えば、
自分の視界も自ずと開けてきます。

自分で言うのも何ですが、長い間仕事に精を出してきました。私どもの世代はまさに仕事人間がほとんどだったような気がします。そのような人が仕事の場を離れると、一気に老け込んだとか、やりがいをなくしたとかいう話をよく聞きます。

私は71歳まで働いて、それ以降は地域に関わってきました。最初に引き受けたのが町内会のお世話でした。とかく町内会長をやらされるとの風潮がありますが、私はやらせていただくとの気持ちで取り組みました。会社とは違った新しい経験を積ませてもらい、その後の人生にも大いに役立っていると思います。町内会長に引き続いて、老人会の役員もさせてもらいました。親睦を図るために、お花見や忘年会、旅行なども企画しました。老人会の会長も務めさせてもらいました。

人として生まれてきた以上、その人生をできるだけ幸せに暮らしたいと思います。その際に大きな要因になるのが、いろいろな人と出会い、その人たちと関わり、互いに刺激し合うことだと思います。会社、地域、家族、趣味など、その範囲が広いほど、人生は豊かになると思います。

山下さんに学ぶ
百寿時代の生き方㉖

聞き手からの一言

人生にはいくつかの大きな節目があります。男性の場合は仕事を辞めたときが、そのひとつです。そこからの人生をいかに有意義に過ごすかによって、人生の価値が決まると言っても過言ではありません。山下さんは地域に目を向けました。100歳人生のモデルではないでしょうか。

地域とのかかわりを持つことは大切です。
人付き合いが苦手な人も、引っ込み思案の人も、
まずは一歩を踏み出してみましょう。
新しい出会いは、何歳になっても楽しいものです。

仕事を辞めた男性は、急に元気も覇気もなくなる、と聞いたことがあります。一体何をしたら良いのか、分からなくなるからです。本来なら、仕事をしている間に、「第二の人生」に向けた準備なり、トレーニングをしておくべきでしょう。でも、実際は難しく、急にバタバタするのが実情のようです。

私の場合は、会社を完全に辞めた後は、町内会のお世話に加えて、老人クラブにも積極的に参加しました。私の住んでいた地区では老人会という名前に抵抗があったのか、「わかやぎ会」と呼ばれていました。それぞれの班から班長を選んで、役員会も開催していました。一番印象に残っているのは、1か月以上入院しているお年寄りに対して、お見舞いを差し上げていたことです。これによって、より地域の実情も分かり、顔と顔、個と個の付き合いになったと自負しています。

親睦を深めるために、お花見や忘年会、親睦旅行などのお世話もしました。みんなで楽しみながら、長年、老人クラブの会長を務めることができました。当時一緒に頑張った人たちの多くが身罷《みまか》られたのは残念ですが、元気な人たちとは今でも交流が続いています。

山下さんに学ぶ
百寿時代の生き方
27

「ベストライフ広島」ケアマネージャーの妹尾まやさん

ケアプランを担当していますが、山下さんの生活を見て、感心するのは「やる気」です。入居時に比べて介護保険は「要介護1」から「要介護3」になりましたが、「やる気」は変わっていません。何事にも積極的に、一歩踏み出す姿勢は誰にも負けていません。

公民館は社会への「窓」です。
興味がある催し物があったら、
参加してみてください。
きっと、新しい仲間ができるはずです。

会社を定年になってしばらく経った頃、公民館活動にも力を入れていました。自宅の近くにあった廿日市市の平良公民館に足しげく通いました。当時の公民館長の勧めで「方言クラブ」が結成されたからです。長年台湾に住んでいたとはいえ、地元の広島弁が体に染み込み、とても気に入っていました。

毎月1回、みんなが用意した資料を持ちより、左側に方言、右側にその解釈という方法で、アイウエオ順にまとめました。方言を使った随筆もつくるようになり、私も一文を書き添えました。

私たちの活動は次第に知られるようになり、近くの方言研究者も加わり、多くの助言を受けました。活動を始めて12年が経った頃、ようやく『広島ことばの風景』という、お手製の「方言辞典」が完成しました。

これまでとは違った新しいメンバーとの付き合いは、大変刺激的なものでした。知らないことを学ぶ楽しさもあらためて知りました。メンバーは少しずつ変わり、亡くなられた方も多いのですが、今も交流を続けています。

山下さんに学ぶ 百寿時代の生き方㉘

「ベストライフ」広報の田村司さん

弊社が定期的に出版する冊子のために、山下さんを取材したとき、多くのことに興味を持っているのに驚かされました。定年後に始めたものも多いと知りました。「趣味は何でも構いません。しかもいつからでも遅くありません」。実践者の言葉には説得力がありました。

㉙ ―― 感謝の気持ち

「ありがとう」の気持ちは
口に出さないと、思いは伝わりません。
日々、「ありがとう」と言った場面を
思い出してください。
きっと良い気持ちになります。

小さい頃から、父や母から「他の人から何かやってもらったら『ありがとう』と言うんですよ」と何度も諭されてきました。でも大きくなるにつれ、多くの場合、感謝の「ありがとう」を発することも少なくなるものです。この「ありがとう」は生活を豊かにするための潤滑油のようなものです。また、「ありがとう」のリズムもあります。

ありがとうの「あ」は明るいの「あ」
ありがとうの「り」は立派の「り」
ありがとうの「が」は頑張るの「が」
ありがとうの「と」は尊いの「と」
ありがとうの「う」はうれしいの「う」

「ありがとう」のリズムを意識しながら、過ごすことが大事です。

「ありがとう」は「有り難い」に由来する言葉と聞きました。それを知ったとき、滅多にないことと感じるからこそ、感謝せずにはいられないと、合点がいきました。加えて、日常の当たり前の事象にも、「有り難さ」を感じ、感謝の言葉を口にすることで、日々の生活に潤いのようなものが生まれるのではないでしょうか。

山下さんに学ぶ
百寿時代の生き方
㉙

聞き手からの一言

手元にある手帳を見ると、6か国語で「ありがとう」の言葉が紹介されています。別の日記帳にも、同じようなものがありました。「ありがとう」と言われて、嫌な気分にはなりません。山下さんのような人生の大先輩から毎回かけられる「ありがとう」の言葉は、なおさらです。

111歳生涯現役宣言

㉚

――メモの大切さ

気に入ったフレーズを見つけたら、
すぐに何かに書き留めておきましょう。
そして一度使ってみて、
聞いた人の反応も確かめてみましょう。

生涯学習の大切さは、これまで何度も話してきましたが、明日からでもすぐにできることがあります。新聞でも、雑誌でも、本でも、気に入った語句、フレーズがあればメモするのです。後からとは思わずに、チラシの裏にでも書きとめておきます。そして週に1回程度、まとめてノートに書き写すのです。

その際に、日付も書いておきましょう。できれば何から抜粋したものか分かるように、出典を書き添えておきましょう。そうすれば別の機会に、あらためてチェックすることも可能です。

「今やらねば、いつできる　わしがやらねば誰がやる」とのフレーズがあります。私のお気に入りの言葉ですが、これもチラシの裏に書いたものでした。書いたものは声に出して何度も読んでみます。そうするとしっくりする言葉、それほどでもなかった言葉に選別されます。

最後に、このフレーズを何かの機会に使ってみるのです。友人と話すときでも、少し大勢の前で話すときでも構いません。そのときの反応によって、共感してもらえるか、または反対意見があるのか、それを知るのも楽しみのひとつです。

山下さんに学ぶ百寿時代の生き方 ㉚

聞き手からの一言

山下さんと話していると、ありがたい言葉に出合います。全部が私の心に響くわけではありませんが、違うと思ったことから、話が展開することもあります。インプットしたものを、アウトプットして初めて自分のものになると聞きますが、山下さんはすでに実践されているようです。

㉛ ― 過去を思い出す

パソコンを使って
これまでの人生をまとめています。
項目別だったり、日付別だったり、
まとめておくと頭の整理にも有効です。

過去に固執するのはよくありませんが、過去を振り返ることは大切です。人は歴史を学び、今に生かす動物です。歴史上の偉人から学ぶこともあれば、これまでの自分自身の経験から、よりよき方策を探ることも可能です。

私の人生には大きな節目がありました。38歳で敗戦に至ったとき、71歳で会社勤めを完全に引退したとき、その後、ボランティア活動に力を入れたとき、102歳で「ベストライフ広島」に夫婦で入所したときです。これに並行する形で「モラロジー」の活動を長年行い、81歳のときに研究所の参与を拝命しました。それからすでに30年が経っています。

パソコンに向かうことが多いのですが、その中にはたくさんのファイルが収められています。項目別であったり、日付別であったり、主に身近な講話のためにつくったものです。紙ベースのときに比べて、整理がしやすくなっています。その一方、大切なものはプリンターで印刷しています。以前同じことを考えていたこと、新しく思ったことも、頭の中で整理できるので、パソコンは重宝しています。

山下さんに学ぶ百寿時代の生き方㉛

聞き手からの一言

山下さんと話をしていて、ほとんどのケースで「負けた」と思いますが、唯一、「少し勝ったかな」と思うのは、これまでの過去をまとめている点です。日々の出来事を記す手帳歴は34年になります。ただパソコンは使っていません。その部分では「やっぱり負けた」と実感しています。

32 ―― 使ってはいけない言葉

「引き算」になる言葉はいけません。
「足し算」の言葉を使いましょう。
そのことが
美しく老いるために必要なものです。

人生には、「引き算」の人生と「足し算」の人生があります。できるなら、「足し算」の人生でありたいと思っています。同じことでも、考えようによって、「引き算」が「足し算」になります。もちろん「掛け算」ならもっと良いですが、あまり無理をする必要はありません。地道に、コツコツは大切です。

「足し算」にするには、使ってはいけない言葉があります。最もいけないのは「昔はよかった」「長生きし過ぎた」「もう私にはできない」などの否定を連想するものではないでしょうか。この10年以上、一度も使ったことはありません。

「代われるものなら、代わってやりたい」「今の若いものは○○がダメ」も同様です。何の気なしに使ってしまう言葉、たとえ思っていなくても発してしまう言葉、それを口に出すことで、次第にマイナスの考えになってしまうからです。

人間は誰もが美しく老いたいと思うものです。それは外見的なもの以上に、その人の内面から醸し出される美しさです。その本当の美しさを獲得するためにも「足し算」の考えが大切なのです。

山下さんに学ぶ 百寿時代の生き方 32

聞き手からの一言

山下さんが好きな言葉、考え方に「○○のための十訓」があります。例えば「笑顔になるための○○」「美しく老いるための○○」などです。逆に考えると、常に意識していることの証拠かもしれません。私の手元には「山下さんのチェックリスト」が数種類あって、宝物になっています。

第3章

健康に生きる

主治医からも、
「驚くほど健康」と太鼓判を押されています。
その秘訣は、
「自分のことは自分で」という心がけでしょうか。

耳が少し遠くなった点と、移動には車いすを使っている点、それ以外はいたって元気です。月2回ほど主治医の先生に往診に来てもらっていますが、「何度も噛んで、好き嫌いなく食べているのが健康の秘訣でしょう」と言われています。先生からは「心臓など内臓は元気そのもの」とお墨付きをもらっています。さらにありがたいことに、「日々、目標を持って生きている姿にも感心させられる」とお褒めの言葉ももらっています。

最近、「平均寿命」のほかに「健康寿命」という言葉がよく使われるようになりました。全国的に見ても、広島県内ではその平均寿命に比べて、健康寿命が短いとされています。長生きはもちろん大切ですが、単に長生きするだけでは意味がありません。いかに健康な状態で長く生きるかが重要です。

体の健康を保つために、「できるだけ自分のことは自分で行う」を心がけています。例えば、週2回の入浴時は、ヘルパーさんの力をできるだけ借りず、自分で衣服を脱ぎ、自分で体を洗うようにしています。そんな日常の繰り返しが大切だと思います。

山下さんに学ぶ
百寿時代の生き方
33

主治医の田邉賢さん

約10年前から山下さんを診ていますが、最初の頃と比べて、今もほとんど変わりません。食生活を含めた生活習慣に加え、本人の強い気持ち、さらには長生きの遺伝子のすべてが整っているのでしょう。ものごとにあまりこだわり過ぎないのも、長生きにはいいと思います。

34

――自分のことは自分で

「病は気から」という言葉があります。
人は、ある意味、精神に左右されます。
「できない」と思ったことから
いろいろな機能は
失われるのではないでしょうか。

今、入居している「ベストライフ広島」は本当に住みよい施設です。食事は美味しいし、困ったことがあれば、すぐに手助けをしてくれます。その意味では本当に、ヘルパーさんに感謝しています。

年齢のせいか、足腰が弱って移動には車いすが欠かせなくなってきましたが、私はできるだけ「お世話」にならないようにしています。楽しみにしている週2回の入浴では、靴下を脱がせてもらい、体も洗ってもらえます。でも、私は断っています。できることは自分で、と思うからです。

入居者の中ではもちろん最高齢ですが、私よりずいぶん若い人でもヘルパーさんに任せっきりの人もいます。まだ十分に自分でできるのに、と思うこともしばしばです。

施設内の安全面から見ると、ヘルパーさんの支援は大切です。できないことは無理する必要はありませんが、できる範囲は自分で行うという気持ちは大切ではないでしょうか。安易な気持ちで楽な方向に流されるのは、結果的に自分の保持しているいろいろな機能を削ぐことになると考えます。

山下さんに学ぶ 百寿時代の生き方 34

「ベストライフ広島」介護士の山﨑晃英さん

入浴時の私の仕事は、シャワーチェアーを用意するだけです。山下さん自身がそこに移って、あとは全部ご自分でされます。着替えに時間はかかりますが、少し離れたところから見守っています。「自分のことは自分で」の気持ちを持つ大切さを、山下さんの生き方から逆に学んでいます。

111歳生涯現役宣言

35 ―― 楽しみな食事

嫌いな食べ物は一切ありません。
どんな食事も残さず食べています。
「肉になれ、骨になれ」と唱えながら
30回以上噛んで食べてみましょう。

健康に長生きをするためには、何と言っても食事が一番大切です。私は幸いなことに好き嫌いがなく、何でも食べています。注意していることは、よく噛むことです。目標は30回と決めています。そのときに唱えているのが「肉になれ、骨になれ」の言葉です。感謝を込めながら、心の中で唱えています。

今は、入居している「ベストライフ広島」で朝昼晩と３食ともお世話になっていますが、どの料理も美味しくて必ず完食しています。小鉢が２つに、酢の物や煮物なども用意されています。健康に配慮した野菜が盛りだくさんの食事です。たいてい地元の野菜を買って調理するのが基本で、「地産地消」です。エレベーターの横に貼り出される毎日の献立を楽しみにしています。

３年くらい前に少し体重が増えました。「この歳になって増加するとは」と驚かれました。人生初めてのダイエットらしきものをしました。自分自身、１１０歳を前に減量とは信じられない思いです。これも食事が美味しいからです。長生きの最大の秘訣は、楽しく食事をすることではないでしょうか。

山下さんに学ぶ
百寿時代の生き方
35

「ベストライフ広島」
栄養士の妹尾美咲さん

施設内では通常食のほかにも、刻み食やミキサー食、おかゆなどを用意していますが、最高齢の山下さんはずっと通常食です。ゆっくり咀嚼しながら時間をかけて食事をする姿は、入居者のお手本です。健康寿命を長くする意味でも、食事は最も大切です。

――よく噛んで食べる

「早食い」は健康の敵です。
感謝の気持ちを込めながら…。
若いときの習慣を、ゆっくり直しましょう。

食事のことは前にも述べましたが、私が心がけているのは、基本的によく噛むことです。私たちの世代は、「早食い」の世代でもあります。少し尾籠《びろう》な話になりますが「早糞」も当たり前でした。かつては「早飯、早糞、芸のうち」という言葉もありました。

「早食い」をして良いことは何もありません。例えば栄養バランスを考えて、必ずきちんと3食摂っているにも関わらず、お腹が空いてしまう人がいます。また、よく噛まないことで消化に時間を要するため、胃に負担がかかることもあります。短時間で多くの食料が胃に入ると、胃もびっくりしてしまいます。

それよりも今の私は、食事を「ありがたい、ありがたい」と思いながら食べています。美味しく食べられることに感謝しています。毎日、私たちのために一所懸命に作ってくれる「ベストライフ広島」の調理師さんにも感謝しています。そうすると自然とゆっくり、よく噛んで食べるようになります。この歳になって、何をそんなに急ぐ必要があるのでしょうか。あと何食いただけるかは「神のみぞ知る」ですが、味わいながら食べたいものです。

山下さんに学ぶ百寿時代の生き方㊱

「ベストライフ広島」
栄養士の妹尾美咲さん

山下さんは食に対するこだわりが強い方です。これまでの経験から、食にこだわるお年寄りほど、元気に過ごされています。食事をする際に、自前のきなこも持参されています。食事に関して大切なのは、楽しんで食べることです。好き嫌いはない方がいいです。

脂肪の摂り過ぎは
血管の詰まりを促進し、
成人病にもつながります。
とにかく野菜を多く食べましょう。
もちろん、バランスの取れた食事が一番です。

食べ物の大切さについては、これまでも言及してきました。「ベストライフ広島」に入居するまでは、私の食事は長年にわたって、家内がずっと担当して来ました。貧乏で食材が思い通りに買えない時代から、スーパーで何でも買える時代まで、玄米を中心にした食事に留意しながら、サンマやシシャモのほか、黒豆のジュースなど体に良いとされる食品を、いろいろと探して提供してくれました。その意味では私の体の根幹は、家内がつくってくれたと思っています。

　家内と一緒に入居した「ベストライフ広島」でも、健康バランスに配慮した食事を朝昼晩と提供してもらっています。本当に感謝の気持ちでいっぱいです。

　やはり高タンパク質と低脂肪の食事は、脳の若さを保ち、健康を維持するのにとても大切です。しかし、高タンパクな食事を摂ろうとすると、必然的に脂肪もたくさん摂ってしまいます。脂肪の摂り過ぎは、血管の詰まりを促進し、成人病を誘発する恐れもあります。そこは意識的に、低脂肪の食事に気を付けなくてはなりません。動物性のものに偏らず、野菜もしっかりと食べましょう。

山下さんに学ぶ 百寿時代の生き方 37

「アスナフードサービス西日本」エリアマネージャーの小倉穣さん

　温かいものは温かく、冷たいものは冷たくを基本にしています。１日の平均は１６００キロカロリーが基本です。食事に飽きが来ないように気を付け、味付けも薄味を意識しています。「センター方式」でなく現場でつくっているので、山下さんも気に入っています。

38 ―サプリメントの効用

健康維持、促進のためには、
「よい」と思われるものは
何でも試してみます。
補助食品として、
サプリメントも活用しています。

基本的に体に良いとされるものは、すべて取り入れるようにしています。そのひとつがサプリメントです。もちろん個人差もありますが、私の場合、少なからず効果が表れているようです。というのも最近、パソコンの画面を見るときに、これまで必要だった眼鏡がいらなくなりました。少し前にはほとんど白くなっていた頭髪の中に、黒い部分が増えてきました。

お世話になっているサプリメントは全部で4種類です。私は専用の箱の中にこれらを入れて、忘れないように飲んでいます。

30歳から服用している「クロレラ」は脱臭や抗菌、殺菌作用があると聞きます。弱った胃腸に効くという「エビオス」も欠かしていません。また、「にんにく卵黄」も血流促進効果や滋養強壮効果もあるようです。「コンドロイチン&グルコサミン」も関節や軟骨の健康維持に欠かせません。

ただ、サプリメントはあくまでも補助的手段です。しっかりと食事をした上でないと、むしろデメリットがあるかもしれません。頼り過ぎずに、うまく付き合ってこそのサプリメントだと思います。

山下さんに学ぶ
百寿時代の生き方
38

聞き手からの一言

「小さなこともコツコツと」とは、山下さんの生き方でもあります。そんな思いで、自分にあったと感じたサプリメントもずっと愛用しています。頼りながらも、頼り過ぎずに、うまく活用しています。このような柔軟な考えも見習うべき点です。

―― 93歳の弁当配達

社会への恩返しは、
いつまでも続けたいと思っていました。
お弁当配達もそのひとつです。

20年近く前ですが、当時93歳だった私は、近所の一人暮らしのお年寄りにお弁当を配達するボランティアを行っていました。具合の悪そうな人や元気がなさそうな人がいると、すぐにボランティア団体に報告しました。お弁当だけでなく気持ちも届けていると自負していました。

私が入会しているモラロジー研究所でも話題になり、その機関誌で紹介されました。特別なことを行ったわけではありませんが、配達される側より配達する方が年上で、珍しがられたのかもしれません。

お弁当配達は、83歳から始めていました。きっかけは、長年続けていた軟式テニスの仲間から誘われたことでした。71歳まで会社勤めをした後、体力的にも元気だったので、何かお役に立つことはないかと思っていたときに、声をかけてもらったので引き受けることにしました。

当時の写真を見てみると、冬の寒い時期、厚手のジャンパー、毛糸の帽子、白いスニーカー姿で、自転車に乗っていたようです。前の日に積もったのでしょうか、木陰には雪も残っていました。気分は20年前も今も変わりません。さすがに今は配達こそできませんが、当時の人たちとの交流は続けています。

山下さんに学ぶ
百寿時代の生き方㊴

モラロジー仲間の男性

ちょうどお弁当の配達をしていた頃でしょうか。山下さんと一緒にJRに乗ったことがありました。車内は満員でしたが、当時90歳を超えていた山下さんに、席を譲ってくれる人はいませんでした。とても90歳には見えなかったのでしょうね。

㊵ ―― 顔は心の遊び場

笑顔はもちろん大切です。
それに加えて、
内面から浮き出る
責任感のある、
「男前」の顔を目指しましょう。

お金を使わずに元気になる方法があります。それは笑顔を心がけることです。本人だけでなく、仲間も笑顔になると何倍、何十倍も楽しいことが増えます。

芸能人たちは、自然に笑顔をつくることができますが、一般人にとってはなかなか難しいものです。ある程度、訓練が必要かもしれません。例えば鏡の前で、笑顔をつくってみるのも良いでしょう。私の場合は、「ベストライフ広島」のエレベーター内の鏡に向かってやっています。そのときに、しかめっ面をしていたら、自分自身も良い気分になりません。もちろん、一緒に乗っている人がいれば恥ずかしいので、さりげなくのぞいていますが…。

笑顔になることが大切ですが、顔はその人の人生そのものでもあります。内面から醸し出されるものともいえます。人生きちんと生きていると、それなりの顔になるのではないでしょうか。これから美男子になるのは難しいですが、責任のある顔、味わいのある顔になることはできます。人相の良い顔を目指して、みなさんも日々、努力を重ねてみてください。

山下さんに学ぶ
百寿時代の生き方 ㊵

聞き手からの一言

山下さんを取材するとき、時たま写真を撮らせてもらいます。パソコンの中にデータとして保存していますが、そのほとんどが笑顔なのには驚かされます。何も「笑って」と催促したわけではありません。内面から出るやさしさの象徴なのかもしれません。「目指せ、素敵な微笑みのある顔」です。

41 ― 美しく老いること

過去を振り返ることは大切ですが、
過去にしがみつくことは
決して良い生き方とはいえません。
「老い」と「美しく」を
常に考えながら生きたいものです。

「昔はよかった」という言葉は極力使わないようにしています。もちろん、そう感じるときがないと言えばうそになりますが、少なくとも、口に出さないようにしています。心の中でいくら思っていても、ぐっとこらえることも時には大切です。

「なぜそのようにするか」といえば美しく老いるために必要だと思うからです。過去を大切にすることは重要ですが、固執するのはよくありません。単に回想だけするのも避けた方がいいでしょう。

美しく老いるには、以下のことを避ければいいと考えます。本を読んだり、実際に経験したりして導き出したものです。自分だけの殻に閉じこもるのはよくありません。周囲から敬遠されてはおしまいです。話し合える友達がたくさんいること、他人のために何らかの役に立つこと、好きなことに没頭できることも大切です。

老いることはよくないという風潮がありますが、いろいろな経験ができるという面ではむしろ誇らしいことです。アンチエイジングも盛んにいわれますが、「アンチ」する必要はありません。「嫌老」などもってのほかです。精神的に、美しく生きることを目指しましょう。

山下さんに学ぶ百寿時代の生き方㊶

主治医の田邉賢さん

2017年7月に亡くなられた日野原重明先生が代表的でしたが、歳を取って一番大切なのは社会的な関係を持ち続けることです。基本的に体が強い山下さんですが、加えて積極的に社会と関わっています。そのことが有意義かつ「美しい」老後に結びついていると思います。

――脳を活発に動かす

長寿の秘訣は、脳の元気さにあります。
快感を覚えるような前向きな考え方を持って、
脳を常に活性化させましょう。

長寿の秘訣を訊かれることがよくあります。何でも適量に食べることや適度な運動はもちろん大切ですが、脳を活発に動かすことをお勧めします。

人間のあらゆる活動は脳の指令によって行われます。私たちは脳によって生かされており、脳が衰えることは体が衰えることにほかなりません。

脳を活性化するには、常に脳を働かせることが重要です。空想でも、夢想でも構いません。できれば楽しいことを想像しながら、快感を覚えるような前向きな考え方が良いでしょう。そうすれば脳細胞が活発に働きます。そして脳がどんどん若返り、体の若さが保たれ、成人病などとは無縁になるかもしれません。

いつも楽しいことばかりではありませんが、気の持ちようが大切で、ほとんどの事象はどちらにでも取れることが多いものです。例えば、「○○だからできない」ではなくて「○○でもできた」と考えた方が、より脳に良い刺激を与えると思います。加えて、数字を常に意識することも、脳にとっては良薬です。

山下さんに学ぶ
百寿時代の生き方㊷

「ベストライフ広島」
看護師の桐口奈美さん

いつも元気な山下さんですが、時折、気弱な部分を見せることがあります。「もう寿命かも」と口に出されることもあります。でも、翌日にはすぐにいつもの山下さんに戻っています。「ポジティブ思考」で脳を活性化させているのかも知れませんね。

大きな声を出せるかどうかが、
健康のバロメーターです。
口先だけでなく、お腹の底から出しましょう。

歳を取ったなと思われる瞬間は、声が出なくなったときではないでしょうか。声を出すことは、最大の健康法です。お腹から声を出すのが一番良いと思います。

特にお勧めするのが腹式呼吸です。背筋を伸ばして、鼻からゆっくり息を吸い込みます。このとき、おへその下に空気を溜めていくイメージでお腹をふくらませます。次に口からゆっくり息を吐き出します。お腹をへこませながら、体の中の悪いものをすべて出し切るように、そして、吸うときの倍くらいの時間をかけるつもりで吐くのがポイントだそうです。回数は1日5回から始め、慣れたら10～20回。その日の体調に合わせて、無理なく楽しみながらやりましょう。

腹式呼吸にイメージトレーニングを加えてみましょう。息を吸い込むときは、高原のさわやかな空気や、好きな花の香りなど心地よいものをイメージし、息を吐くときはイライラの原因や緊張、不安などのマイナス要因が体から出て行くのをイメージします。

腹式呼吸の説明は、このような感じになります。まずは、自分の好きな歌を大きな口を開けて、大きな声で歌うことから始めましょう。

山下さんに学ぶ
百寿時代の生き方
43

聞き手からの一言

人それぞれの健康法があります。散歩でも、体操でも、何でもいいので、長く続けることが大切です。まさに継続は力なり。中でも一番手軽で、実は奥が深いのが腹式呼吸です。山下さんの大きな声が聞こえる限りは、いつまでもお元気だと確信しています。

他人に対して口やかましくしない
長所を認める
あらさがしをしない
これらが自然にできれば、気分よく過ごせます。

私たち人間というのは大小さまざまですが、仕事、学校、子育て、近所付き合いなどで、常にストレスを受けています。ストレスというのは長期に渡って蓄積されることで、さまざまな症状が現れたり、病気にかかったりすることもあります。ストレスほど体に悪いものはなく、できればストレスを感じない生活を送りたいものです。

その一方で、こんな考え方もできます。ストレスを全く感じない人生は、現実にはあり得ません。人と接しながら、社会生活を送るなら、いかにストレスと上手に付き合っていくかです。

111歳になった私は、もうストレスはありません。ストレスを感じる時間がもったいない気もします。人は生まれれば必ず、その一生を終えます。だから、毎朝、目覚めたことに感謝し、1日を終え無事に眠りにつけることに感謝しながら、悔いのない時間を過ごしています。

他人に対して口やかましく言わないこと、長所を認めること、あらさがしをしないこと、ほめること、ささやかな心づくしを忘れないこと、礼儀を守ることが大切です。これらが自然にできれば、ストレスなんて感じることはありません。

山下さんに学ぶ百寿時代の生き方㊹

聞き手からの一言

以前、あるストレスを解消するには、新しいストレスが効果的と聞いたことがあります。確かにそうかもしれませんが　あくまで対症療法であって、ストレスが蓄積する可能性もあります。山下さんが言うように、自分の心を豊かにすることが、本当のストレス解消になると思います。

まとまった時間でなくても、
隙間時間を使って
できるだけ「運動」しましょう。
椅子に座ったままでもＯＫ、
継続は力なりです。

今、移動するときにはほとんど車いすを使っていますが、それでもできる限り体を動かす努力をしています。昔好きだった軟式テニスのように外で体を動かすことは無理ですが、挑戦できるものには極力参加するようにしています。

そのひとつが食事の前の体操です。入居者の中には面倒がって参加しない人もいますが、椅子に座って上半身を動かすだけでも効果はあります。何事も継続は力なりです。1日3回、1年365日ですから、1年間で1000回以上の運動になります。たとえ1回60秒でも1年間で18時間以上になります。

暇な時間をどのように過ごすかが大切です。まとまった時間でなくても、隙間時間をどう活用するかが大切だと、社会人のための入門書で見かけることがあります。これは若い人に限らず、むしろ年齢を重ねた人ほど大切だと思います。

私の甥に買ってもらった電動マッサージ器も大変重宝しています。机のそばに置いていますが、暇なときにはその上に足を置いています。なかなか気持ちいいですよ。

山下さんに学ぶ百寿時代の生き方㊺

「ベストライフ広島」ケアマネージャーの妹尾まやさん

食事のときの山下さんの席は決まっています。決められた時間には着席し、食事前の体操にも必ず参加されています。いつも楽しんで行っていることで、その効果を上げていると思います。何事もイヤイヤするのと、積極的に行うのでは違うと思います。

㊻ ―「実弾」を持とう

「実行した話」は説得力があります。
行動に移したことは、
たとえ失敗であっても、思い出となります。
その数こそが、生きた証ではないでしょうか。

話には次の3つの種類があります。「良い話」「分かる話」「実行した話」です。もし優劣をつけるとしたら、私は「実行した話」を一番大切にしたいと思っています。言葉を換えれば、自分の体験したことこそ、相手を説得し、その人を動かす力になると思います。「良い話」「分かる話」は空砲で、「実行した話」は実弾とも言えます。

これまでの人生の中でも、「実弾」にこだわってきました。ちょうど60年前になりますが、1958年、広島地方貯金局の会計課に勤めていたとき、目に見える成果を残そうと、課内で郵政大臣表彰をめざすことにしました。経理係長だった私を含めて「やろう会」を作ったのがはじまりでした。飲みながら、遠慮なく話し合って、いつのまにか課内全体の共通認識になりました。結局、3回目の応募でやっと表彰の栄誉を獲得できました。結果はもちろんですが、途中経過こそが重要だったと思います。

目標を立てながら、一歩一歩努力することの大切さをあらためて知らされました。だからこそ、60年前のことが昨日のことのように思い出されるのかもしれません。

山下さんに学ぶ 百寿時代の生き方 46

甥の山下敏光さん

伯父はあまり積極的に自慢話をするタイプではありませんが、すぐ下の弟さんや、時に本人から昔の話を聞くことがあります。机上の空論よりも、実際に経験した話の方が、私の胸にもストンと落ちます。その話の端々から、伯父の人生観を垣間見ることができます。

「長寿世界一」が身近にいると
勇気付けられるものです。
自分自身の防御機能を最大限に活用しながら、
元気に過ごしましょう。

この前、ニュースで北海道の男性が「長寿世界一」になったと知りました。この男性のことは雑誌などで知っていましたが、イスラエルの長寿の方が亡くなられて、まさか「世界一」になったとは、本当にびっくりしました。

ところで、人間は何歳まで生きることが可能なのでしょうか。ある本には125歳までと書かれていました。現代人は飽食と運動不足とストレスで、寿命を縮めているとされています。人間は本来その体内に、あらゆる疾患への防御機能を持っています。その機能が十分に働けば、病気は少なくなります。それが十分に生かされないのは、普段のライフスタイルや食生活が間違っていることが多いからではないでしょうか。

もちろん、ご本人と直接話したことはありませんが、北海道の男性は自身の防御機能を最大限に活用し、元気に過ごしておられると思います。豊かな晩年を過ごすためには、食生活をチェックすると同時に、ホルモンや免疫系をコントロールすることも重要ではないでしょうか。免疫力を高め、気分をよくさせ、老化を防止し、自然治癒力を高めることが大切です。

山下さんに学ぶ
百寿時代の生き方
47

主治医の田邉賢さん

日本の医療の最大の特長は、国民皆保険です。医療水準が高いのも特長です。日本は元々コメ文化で、かつては粗食で過ごしていたのが長寿につながったのかもしれません。そのような土台の上に、心を含めて、やりがいなどいろいろな側面が加味されているのではないでしょうか。

この世に生を享けただけでも、
人間として生きているだけでも、
すごいことです。
できれば長生きできるともっと最高です。

月1回「帰省」している自宅は今、デイサービスセンターとして使われています。1階の和室の壁には、「還暦」から始まって「喜寿」「米寿」さらには、迎えたばかりの「皇寿」(111歳)と書かれた模造紙が貼ってあります。さらに、その最後には「大還暦」とあります。聞き慣れない言葉ですが、少し説明します。

大還暦とは、120歳を迎えることです。「十干」と「十二支」とを組み合わせた「干支」による暦は、60年で1周します。これを還暦といいますが、大還暦はそれが2周することを意味します。

ギネスブックによると、正式に大還暦まで生きた男性はいないそうですが、この際、2020年の東京五輪の先を見つめるのもいいかな、と感じています。

この世に生を享けただけでも、ある意味、とてもすごいことだと聞いたことがあります。お年寄りの中には「生き過ぎた」「長生きし過ぎた」という人もいますが、人間、生まれればいつかはその幕を閉じます。毎日をしっかり生き、その結果として長生きにつながれば、これほど充実した人生はないと思います。

山下さんに学ぶ 百寿時代の生き方㊽

「にこにこサロン」の谷木純子さん

山下さんに接するたびに、年齢の感覚が次第になくなります。例えば90歳のおばあちゃんでも「まだ若い」と感じてしまいます。「皇寿」の言葉も、山下さんがそばにいるので身近に感じるようになりました。いつまでも人生の大先輩の後ろ姿を追って行きます。離されないように。

第4章

安心して生きる

将来的に自分の家がどうなるか心配です。
子どもに任せるのも仕方ありませんが、
生きている間に
何らかの意思表示をしておくこともお勧めです。

地方都市では空き家対策が大きな問題になっているそうです。若者は都会に出て、残された親世代も亡くなると、家は自ずと空き家になります。少子高齢化が続くほど、この流れは大きくなると予想されます。

私の家は約50年前に建てました。亡くなった家内と二人で、ずっと住んでいました。その家内の調子が悪くなり、一緒に「ベストライフ広島」に入居してからは、少しの間は空き家になっていました。

「特定非営利活動法人にこにこ元気」から、デイサービスセンターとして使いたいとの申し出があり、すぐにOKしました。空き家にしておくと家も傷み、庭にも雑草が生えることになります。この歳になると、度々家に帰って草むしりも難しいものです。

家賃にもあまりこだわりませんでした。というのも、この「にこにこ元気」を育成することで、少しでも社会のお役に立てるのでは、と考えたからです。おまけに空き家対策にもなるし、まさに一石二鳥だったからです。自身の家が、将来空き家になってしまうのでは、と心配しているお年寄りも多いと思います。いろいろな意味で、生前から使い道を考えておくことも大切だと思います。

山下さんに学ぶ
百寿時代の生き方㊾

聞き手からの一言

子どもがいても、いなくても、親世代の自宅は将来的に使われなくなるケースは多いと思います。実際、私の田舎の家も、今は空き家になったままです。その空き家には、亡くなった親の持ち物がたくさんあります。これらをどう処分するかは、その子どもにとっては大きな問題です。

111歳生涯現役宣言

50

――お墓の準備

お墓や葬儀、遺産について
考えておくことは大切です。
でも、それが一番ではありません。
今をしっかり生きましょう。

私が一番心がけていることは、日々の暮らしを大切にすることです。だから、遠い「将来」のことは、あまり考えないようにしています。それでも、人間は生まれてくると、必ず生涯を終えるものです。そのことだけは、どんなに功を成した人も、そうでない人もみんな平等にやってきます。

私には子どもはいませんが、亡くなった後、残された親戚やまわりの人にできるだけ迷惑をかけたくはありません。ずいぶん前になりますが、生まれ故郷の竹原に小さなお墓を建てました。幸いなことに場所が広かったので、父・米松のすぐ近くに建てることができました。妻が入っているお墓に将来は、私も入るつもりです。

どのような形態の葬儀にしてもらうか、僅かとはいえ遺産相続はどうするかなど、少しずつ考えています。正式なものはまだ作っていませんが、心の準備だけは怠らないようにしています。でも、あくまでも今を精一杯生きる、その延長線上のものと考えています。今を充実させることを差し置いて、死後のことを考えすぎるのも本末転倒な気がするからです。

山下さんに学ぶ 百寿時代の生き方 50

聞き手からの一言

元気なうちから人生のゴールを見据えておく必要性が説かれています。「なるようになれ」と不安から逃げるのでなく、安心を得る努力をしなさいということです。大事なことは、今をしっかり生きた上での準備でなければ、その意味も小さくなってしまうのではないでしょうか。

家内との二人三脚の人生は、
つらいときも楽しいときも、
とても良い思い出です。
生まれ変わっても同じ選択をしたでしょうね。

人は決して、一人では生きていくことができません。多くの人に助けられながら、天寿を全うするものです。

最も支えてくれたのは家内ですが、その家内との思い出で一番つらかったのは、介護付老人ホーム「ベストライフ広島」に入所する少し前のことです。家内の認知症が少しずつ進むようになりました。食事から下の世話まで、不慣れながら私がこなしました。これまで、いろいろな面で支えてくれた家内のために、少しでも役に立ちたいと思ったからです。夜中に家内をトイレに連れて行って、自分自身も動けなくなったこともありました。本当にどうしようかと頭を抱えました。

その後、「ベストライフ広島」に入ってからは、私自身も楽になり、穏やかな生活になりました。その家内は、延命措置だけは取らないでほしいと言っていました。苦しまずに逝ったので、悲しみと同時に安堵感のようなものもありました。

家内が亡くなったあと、ヘルパーさんに代筆してもらった「私は大好きでした」という手紙が出てきました。このことが、私の人生で一番感激したことかもしれません。

山下さんに学ぶ
百寿時代の生き方
51

甥の山下敏光さん

伯父が100歳を超えた頃、自宅で伯母の面倒を見ていました。献身的で、頭の下がる思いでした。近所の人から「看病するのは大変よ」と電話がかかってきたこともありました。伯父と話し合って、「ベストライフ広島」の世話になることにしました。できることは精一杯やったと思います。

いつでも、「ありがとう」の
感謝の気持ちを忘れたことはありません。
ナヲエと出会わなかった人生は考えられません。

家内との出会いを少し紹介します。私にとっては最大の恩人であり、同志でもあった亡き妻ナヲエのことです。

今は恋愛結婚が普通ですが、戦前のことでもあり、お見合い結婚でした。元々、台湾で小学校の教員をしていました。結婚するとすぐに家庭に入ってくれました。私の家族は台湾東部で農家をやっており、その手助けをしてくれました。しかも私の下に弟妹が6人もいる大家族で、その世話も大変だったと思います。まさに陰に日向に家族を支えてくれました。

「ありがとう」という感謝の言葉の大切さを知ったのも、家内のおかげかもしれません。私にはもったいないほどの家内で、常に私を立ててくれました。そのため自然と、この言葉が出るようになりました。

「子はかすがい」との言葉もありますが、私たちは子宝に恵まれませんでした。それでも寂しいと思ったことも、不満に思ったこともありません。戦前、戦中、戦後の暮らしの中で、決して裕福だったとは思いませんが、夫婦の仲は良かった方だと思います。二人三脚で過ごしてきた人生は、私の宝物です。

山下さんに学ぶ
百寿時代の生き方
52

甥の山下敏光さん

私がまだ小さかった頃、伯父一家と私の家族は、300mくらい離れた場所に住んでいました。当時から伯父夫婦は仲が良かったと思います。伯母のナヲエさんの言うことをよく聞いていたようでした。お互いが支え合う、手本にすべき夫婦だったと思います。

111歳生涯現役宣言

53

――ダイヤモンド婚式

「75年間、本当にありがとう」

これが、私の素直な気持ちです。

家内のすべてが好きでした。

家内の話の続きです。もう7年前になりますが、２０１１年8月、私たち夫婦は「ダイヤモンド婚式」（60年）を迎えました。私たちが結婚した当時は、このようなハイカラな言い方は知りませんでした。知っていたのは25年の「銀婚式」と50年の「金婚式」程度でした。

今回、少し調べてみると、「ルビー婚式」（40年）「サファイア婚式」（45年）「エメラルド婚式」（55年）というのもあるらしいですが、長さよりも、いかに充実した関係を保つかが大切だと思います。

そのダイヤモンド婚式のときには、家内と話し合って、少し大きめの液晶テレビを購入しました。2人で一番よく使い、役に立つものは、と話し合って決めました。これに加えて、家内には寝間着もプレゼントしました。

その翌年に家内が99歳で永眠しました。私がいる部屋は元々2人部屋だったので、今は少し広い感じがしますが、手製の仏壇を置いて、毎日、家内と「会話」をしています。家内の写真を見ながら、毎朝欠かしていません。ベッドのすぐ横なので、今でも一緒に生活している感覚もあります。

山下さんに学ぶ百寿時代の生き方㊸

「ベストライフ広島」施設長の高野まゆみさん

ダイヤモンド婚式を施設で行ったとき、山下さんは本当にうれしそうな表情でした。奥さんが亡くなられたとき、落ち込まれるのでは、と心配していたのですが、うまく乗り越えられたようでした。私たち職員は、本当に多くのことを山下さんから学ばせてもらっています。

苦しいときこそ、
一番の支えになるのは家族です。
その家族の中でも、相手を思いやる心は
何よりも大切だと思います。

私は広島県竹原市生まれですが、ある意味でルーツは台湾にあると思います。父や母たちと一緒に、日本の領土だった台湾に渡ったのは、小学生になった頃でした。今でこそ飛行機ですぐに到着しますが、当時は何泊もかかっていました。

少し前に大きな地震のあった台湾東部の花蓮《かれん》という町に住んでいました。そこの郵便局に勤めながら、家の手伝いもしていました。その後、きょうだいは増えましたが、本当に仲のよい家族だったと思います。社会生活で一番の基礎となるのは、やはり家族です。そこがしっかりしていないと、いろいろな局面に立ち向かうことができません。台湾という「異境」の地ではなおさらです。

特に、敗戦を迎え、日本と台湾の関係が大きく変わったときには、そのことを実感させられました。戦後は一度も台湾を訪れたことはありませんが、心の中には私の「原点」としてずっと刻まれています。

私にとって、台湾のことを思い出すことは、同時に家族のことを思い出すことでもあります。苦しかったからこそ、感謝と祈りで育てる心で乗り越えることができました。地震に遭った台湾の方々にお見舞を申し上げます。

山下さんに学ぶ百寿時代の生き方54

聞き手からの一言

地震があったばかりの台湾東部・花蓮に3月末に出かけました。山下さんが住んでいた近辺を訪れたかったからです。当時の面影はあまり見られませんでしたが、山下さんも勤めていた郵便局の昔の写真を見つけました。山下さんのお話が、ずっと身近に感じられるようになりました。

価値観が大きく変化したとき、
どう行動するかが、その人の価値を決めます。
もし満足できない行動をしても、
その後の人生に生かすことが大切です。

1945年、私は台湾で敗戦を迎えました。38歳のときでした。まだ若さに満ち溢れていました。戦争というものは、経験して初めて知ることもたくさんあります。

敗戦国になると、これまで自分たちの物だった家や土地も貯金も、そのすべてが崩れ去ってしまいました。何とか財産を確保できないかと、中国に帰化して台湾に残るなどいろいろと画策しましたが、結局は無駄でした。そのときの私は無我夢中で、まさに自分中心の考えでした。これまで苦しんでいた台湾の人たちのことを考える余裕も一切ありませんでした。

敗戦によって価値観が180度大きく変わりましたが、そのようなときこそ、その人の持っている人間性が出てくると思います。今考えれば、もう少し相手のことを考えるべきだったと思いますが、当時の私には無理でした。当時、「モラロジー」の教えを知っていれば、行動が変わっていたか、と訊かれても自信はありません。ただ、台湾時代の教訓を少しでも生かすことが、戦争で生き残った私たち世代の大きな役目だと思っています。

山下さんに学ぶ
百寿時代の生き方
55

弟で105歳になる
山下止巳さん

戦前の一時期、台湾から日本に戻って生活をしていました。きょうだいの多かった私たちにとって、兄は親代わりでした。台湾時代から兄は、仕事の合間にいろいろな勉強をしていました。兄はいつまで経っても私の尊敬すべき存在で、越えることのできない壁です。

親孝行の大切さ

親に心を寄せながら、
親を敬いながら、
親に安心、満足してもらうように心がけ、
悔いのない人生を送りましょう。

親孝行を否定する人はいないと思います。私が小学校にあがってすぐ、両親と一緒に台湾に行きました。苦しい時代、両親は苦労をいとわず、ひたすら子どもたちのために、一生懸命に働いていました。感謝の気持ちはもちろんですが、ずっと両親を尊敬してきました。

私は中学校卒業後に、台湾で郵政の仕事につきました。両親の姿を追いながら、焼けつくような南国の太陽の下、汗を流しながら努力を重ねました。親子2代にわたって努力した結果、田畑を合わせると10ヘクタールにもなり、家も建てることができました。村では有数の農業経営者にもなりました。

「親心」と「親孝行」について考えることがあります。「親心」とは、いわば慈悲の心です。子どもの喜ぶことをともに喜んで、子どもの苦しみに対しては代わってやりたいと無条件に思います。一方、「親孝行」の重要な点は、親に対して安心、満足してもらうことです。どんなことでも、親に報告し、相談することが大切です。親孝行はできるときに、何でもやっておきましょう。親孝行の人に悪い人はいないというのが、私の持論です。

山下さんに学ぶ百寿時代の生き方56

モラロジーの後輩にあたる櫻井嘉治さん

山下さんと知り合った頃、実家に寄りつかない日々でした。山下さんからは「親孝行をしなさい」と言われました。父は甘いものが好きで、久しぶりにお菓子を持って帰りました。しばらくして山下さんから「変わったね」と言われました。よく観察されていたのだと思いました。

57 ――「親心」とは

子どもの成長を一緒に喜び、
子どもの困難に一緒に向き合いましょう。
子どもがいてもいなくても、
いや、いないからこそ分かることもあります。

私たち夫婦には、子どもができませんでした。ついでに言えば、すぐ下の弟で現在105歳の「正巳」のところも、子どもがいません。その意味では、子宝には恵まれなかったといえます。でも運命だったのでしょうから、寂しいと思ったことはそんなにありません。

私には本当の「子ども」以上に、長年親しくともに生きた「子ども」がいます。「モラロジー」で知り合った年の離れた人たちです。

彼らによく話していたのが、「子ども心」から「親心」になろうということです。親の経験がない私が言うのも何ですが、「親心」とは、ああしてやりたいとか、こうしてやりたいと思う心です。子どもの喜ぶことを一緒に喜び、子どもの苦しみに関しては代わってやりたいと思う心です。親ならば、自然に湧き上がる感情に違いありません。

「生成化育」という言葉がありますが、分かりやすく言えば「相手が育つ心」を大切にすることです。相手に幸せになってもらう心遣いが大切です。成長するには、自分だけでは大きくはなれません。さまざまな応援があってこそ、それを受け取りながら、分かち合いながら、一緒に育っていくのです。

山下さんに学ぶ
百寿時代の生き方
57

聞き手からの一言

親と子どものつながりを考えさせられることが度々ありました。「親心」と言い換えた方が正確かもしれません。これは、山下さんのお話の聞き書きをして、最も印象に残ったことです。人間は、次の世代にさまざまなことを引き継ぎながら進歩してきました。その基本には「親子」があると思います。

58 ―出会いの大切さ

人生とは、出会いと別れの連続です。
偶然とも必然とも思える出会いを
大切にしましょう。
その後の人生を大きく変えるかもしれません。

人生にはさまざまな出会いがあります。その中には、一生を変えるほどの大きなものもあります。私にとってのそのような出会いは、52歳のとき、自宅を建てる際に訪れました。あれからもう60年近くになりますが、最大の出会いだったに違いありません。

自宅の建築をお願いした人の勧めで、ある会合に出かけました。そのときに頂いた言葉が、その後の人生の大きな指針にもなりました。何か大きな問題に悩んでいたわけではありませんが、一緒に参加した夫婦ともども目の前が大きく開かれた気持ちになりました。

後々考えてみると、何かに責任を転嫁してはいけないという、至極当たり前の教えでしたが、真摯に物事に向き合う大切さを教わりました。もしその出会いがなかったら、あったとしても言葉を聞き流していたら、私の人生はどう変わっていただろうかと思います。

人が一生に出会うことができる「数」は決まっています。それほどたいした人数ではありません。その出会いは偶然なものでしょうが、見方を変えれば必然だったかもしれません。いろいろな出会いを大切にしながら、生きる上での指針を見つけることが大切ではないでしょうか。

山下さんに学ぶ 百寿時代の生き方 58

モラロジー仲間の古城保男さん

山下さんにとっての最大の出合いは、おそらく「モラロジー」です。その山下さんに「モラロジー」で出会ったことが、私にとっても大きなものになりました。山下さんの生き方を参考に、また心の支えに、これからの人生を有意義に過ごして行きたいと思っています。

自分よりも、まずは他人。
今の世の中では
最も抜け落ちていることかもしれません。
信じる学問を追究することは
とても大切なことです。

「モラロジー」とは、道徳を意味する「モラル」と学問を意味する「ロジー」が組み合わせられています。最近は、政治家や官僚の「モラル」が下がったとか、「モラルハラスメント」（モラハラ）という言葉もあります。また「ロジー」は英語の接尾辞のひとつで「○○論」「○○学」「○○説」と訳されています。「モラロジー」は、人間が生きていく上で、大切なものを知る学問ということになります。

私の部屋にも写真を飾っている創設者の廣池千九郎先生が、新科学モラロジーを確立する最初の試みとして発表した論文『道徳科学の論文』（1926〈大正15〉年完成）を端緒に、現在この学問は全国に広がっています。私はこの「モラロジー」に出合って、自分中心の考えから他人中心の考えに変わってきました。それに伴い、固く狭かった心が柔らかな心に変化しました。この教えを追究し、実践することが、結果的に自身の運命を良い方向に導きます。

私の場合、たまたま「モラロジー」でしたが、それぞれの人に合った「学問」があるはずです。自分が信じる「学問」を追究し、一生を捧げてみるのも良いことだと思います。

山下さんに学ぶ
百寿時代の生き方
59

聞き手からの一言

山下さんの考え方の骨格をつくったのは「モラロジー」で、行動の支えにもなっています。行動する際の基盤がしっかりしている人は、心に迷いがあった際に、その強みを発揮します。山下さんから「モラロジー」を勧められたことはありませんが、物事を追究する大切さを教わった気がします。

「心のナビゲーター」

進路図を持った生き方は重要です。
それは何通り、何種類もあります。
貴重なアドバイスを受けながら、
見つけ出すことが大切です。

素晴らしい人生とはどのようなものでしょうか。人によって考え方は異なるでしょう。大切なのは、そのためのアプローチの仕方だと思います。その日にやること、その週にすべきことに加えて、もう少し長い視点ですべきことを常に考えておくべきでしょう。

最終的には自分自身で決めることですが、不十分な自分を正しい方向に導いてくれる人と、普段から接しておくことが大切です。家族だけでなく、会社の先輩や同僚、趣味の仲間、地域の人たちなど誰でも構いません。

人に物事を相談するときは、すでにその結論を自身で出した上で相談するもの、という説もあります。たとえそうであっても、貴重なアドバイスによって再確認することになります。

私にとっての「心のナビゲーター」は、やはり「モラロジー」との出合いになります。「モラロジー」の詳しい説明は別のページに譲りますが、その教えは「人の喜ぶことをさせていただく」に尽きます。自分自身のナビゲーターを見つける、その過程こそ最も大切だと思います。

山下さんに学ぶ 百寿時代の生き方 60

モラロジー仲間の古城保男さん

私にとっての「心のナビゲーター」は、山下さんそのものです。心の支えになっているともいえます。山下さんは「モラロジー研究所」の参与も務められています。その山下さんにとっての「ナビゲーター」については、あらためてじっくりとお聞きしたいと思っています。

性格こそ違いますが、
弟とは長年支え合ってきました。
家族・親族を大切にすることは、
社会生活の基本だと思います。

私は8人きょうだいです。戸籍上は次男ですが、長男が4歳のときに亡くなったので、実際は「長男」の気持ちでいました。上から男・男・女・男・男・男・男・女・女の順番です。今の少子化時代と違って、当時は子ども8人も、それほど珍しくはなかったのではないでしょうか。

私のすぐ下が三男の「正巳」です。今も元気で、広島市内に住んでいます。105歳になります。兄弟合わせて216歳にもなり、まわりからは「すごいね。もしかしたら日本で一番、年齢の多い男きょうだいでは」と言われたりしますが、私たちはあまり意識していません。

「正巳」は今、一人暮らしですが、近所の人にも支えられて元気そのもの。毎朝、近所を散歩しているようです。なかなか会うことはできませんが、「正巳」とは今も時々電話で話しています。そのときは、お互いの年齢がずっと若くなった気がします。戦前、戦中の台湾時代のこと、戦後の苦しかった時代、まるで走馬灯のように思い出されます。あと何年、互いに元気でいることができるか分かりませんが、互いに子どもができなかったこともあり、いつまでも仲良くして行きたいと思っています。

山下さんに学ぶ
百寿時代の生き方
61

弟で105歳になる山下正巳さん

私にとっては兄であり、父親代わりでもありました。兄は、酒はたしなむ程度、タバコは吸いませんでした。小さい頃からよく本を読み、勉強が好きな自慢の兄でした。その性格は今も変わっていません。互いに元気に、いつまでも充実した人生を送りたいと思っています。

社会や世間に生かされている、
生き続ける意味がある、
そんな思いをかみしめながら
少しでも貢献できればと思っています。

拙著「幸福論」を書いた109歳のときに、インタビューの形で聞き手を担当してくれた方から「スーパーセンテナリアン」という言葉を初めて聞きました。聞き慣れない言葉でしたが、「セント」は100の意味です。だから「センテナリアン」が100歳以上の人を指し、110歳を超えると「スーパー」が付くのだそうです。

少し前は「100歳」と言っただけで大変驚かれていましたが、今は長生きが当たり前になりました。それでも100歳を超えるのは、全人口のうち1万5千分の1です。100歳を迎えたうち110歳まで到達するのは、さらに千人に1人です。「スーパーセンテナリアン」のうち男性の割合は15％以下だそうです。

世間や社会に生かされているというのが、今の私の素直な実感です。まだ少しは社会に還元すべきことが残されているからこそ、生かされているのかもしれません。「幸福論」のときにはまだご存命だった、尊敬する聖路加国際病院の日野原重明さんが、昨年7月に亡くなられました。日野原さんは最期まで活躍されていました。足元にも及びませんが、私なりに何かしらの貢献ができればと思っています。

山下さんに学ぶ百寿時代の生き方62

聞き手からの一言

「スーパーセンテナリアン」の言葉を紹介したときには、びっくりした表情でした。でも、少しずつ気に入られたようでした。広島県内最高齢ということは意識せずに、笑顔を絶やさず毎日過ごしてもらえればと思っています。それが後から続く「センテナリアン」の希望にもなるでしょう。

嫌いな言葉は「嫌老」、
歳を取ることは素敵なことです。
相手を思いやる気持ちを大切にしましょう。
私たちも歩み寄る姿勢が大事です。

今、歳を重ねることを否定的に捉える傾向があります。歳を取って機能が低下することは、ある意味当たり前です。それなのに「アンチエイジング」の言葉でも分かるように、歳を取ることに抗う人も多くいます。むしろ歳を取ったからこそ、新しく発見することも多くあるはずです。

私の嫌いな言葉に「嫌老」があります。超高齢化が進む日本では、老人を嫌う社会がやってくると予言する作家もいます。その背景にあるのは、世代間格差かもしれません。「今の若い世代は年金がもらえるかどうか分からない」「日本はお年寄りを優遇している」などの声が充満しています。

このような時代にこそ、次世代に伝えたいことがあります。歳を取ることは自然なことで、かつ素敵なことです。若い人たちもいつかは歳を取ります。世代間で協力しながら、若者も、お年寄りも幸せな社会をみんなで築きましょう。そのためには、相手を思いやる気持ちが何より大切です。互いが歩み寄りながら支え合う社会こそ、自慢できる社会ではないでしょうか。

山下さんに学ぶ百寿時代の生き方63

聞き手からの一言

山下さんの人柄を訊ねると、「頑固」と「柔軟」の相反する言葉が挙げられます。見る人によって見解が異なるのかと思いましたが、きちんとした意見はしっかり持ちつつ、人から勧められたことにはフレキシブルに対処する姿が見られました。世代間格差を埋めるために重要ではないでしょうか。

「おはよう」に始まり、
「今日1日ありがとう」で終わる、
そんな日常を大切にしていきたいものです。

最後になりますが、誰にでも実行できることを紹介しましょう。

①朝、にっこり笑顔で機嫌よく起きること
②「おはよう」と元気に朝の挨拶をすること
③いそいそ、わくわく、リズミカルに行動すること
④明るく、生き生きとした態度と笑顔で人と接すること
⑤「怒らず、悲しまず、くさらず、恨まず」を1日実行すること
⑥不平、不満の心を持たず、言葉も使わないこと
⑦感謝と喜びに満ちた言葉をたくさん使うこと
⑧相手が喜ぶ温かい言葉、ほめ言葉を使うこと
⑨恩恵に感謝し、他人の幸せを祈る心を持つこと
⑩寝るときに1日を振り返り、「今日も1日ありがとう」と感謝し、明日を楽しみに休むようにすること

一見簡単なようですが、すべてを実行するのは難しいものです。時に、誰しも正反対のことを行うこともあります。ただ、年齢を重ねるにつれて、実行しやすくなるのも事実です。だからこそ、加齢は素敵なことです。111歳まで生きるのは、やっぱりめでたいことですよ。

山下さんに学ぶ
百寿時代の生き方
64

聞き手からの一言

一つひとつの事象の実践は難しくなくても、10項目全部を行うのは高いハードルになります。でも、常に実践を心がけていれば、自ずと運も開けるのではないでしょうか。加齢を受け入れながら、できることを愚直に行うことの大切さを、あらためて教えてもらいました。

yoshikazu

山下義一さんの歩み

1907(明治40)年	4月10日	山下米松の次男として竹原市で生まれる　8人兄弟(男6人・女2人)
1913(大正2)年		小学校入学
1914(大正3)年		一家で台湾に渡る
1918(大正7)年		小学校卒業
1922(大正11)年	9月	台湾の吉野郵便局に就職
1924(大正13)年	4月	花蓮港郵便局に転勤 電信係・為替貯金係・保険係・郵便係主幹を務める
1933(昭和8)年	9月	判任官に任命される
1936(昭和11)年	8月	鈴木直江(ナヲエ)と結婚
1937(昭和12)年	9月	普通文官試験に合格
1940(昭和15)年		台湾総督府逓信部に転勤 庶務課・用度係を務める

1941(昭和16)年	12月	太平洋戦争勃発
1942(昭和17)年	1月2日	臨時召集 台北陸軍病院東門分院に入る
1945(昭和20)年	8月2日	陸軍衛生伍長に任命される
	10月2日	解除
	11月1日	引継と指導のため留用
1946(昭和21)年	10月1日	解除
1947(昭和22)年	1月3日	佐世保に戻る
	3月31日	広島地方貯金局 管理課庶務係勤務
1950(昭和25)年	5月10日	管理課庶務係長に昇進
1958(昭和33)年	7月	郵政大臣表彰 生涯教育の先駆者、 廣池千九郎氏が創立した モラロジーの教学に接する
1962(昭和37)年	7月2日	第4貯金課長に任命される
1967(昭和42)年	8月31日	60歳で定年退職

1967(昭和42)年	9月1日	東洋プレミックス工業総務部長に着任
1971(昭和46)年		東洋プレミックス工業を退職 たくみ印刷に入社
1976(昭和51)年		たくみ印刷を退職 ふじハイツセンターに入社
1978(昭和53)年		ふじハイツセンターを退職 ※72歳からはボランティア活動に力を入れ、町内会長・老人会長などを務める
1988(昭和63)年		モラロジー研究所の参与となる
2009(平成21)年	9月9日	介護付き老人ホームに入所
2011(平成23)年	8月10日	結婚75年(104歳と98歳)を迎える
2012(平成24)年		妻・ナヲエが 99歳8か月で亡くなる
2016(平成28)年		広島県の男性最長寿となる
2017(平成29)年	4月10日	スーパーセンテナリアンとなる
2018(平成30)年	4月10日	皇寿を迎える 国内男性で6番目の長寿者となる

111歳（皇寿）を迎えた山下さん

山下さんにお話を聞いて

２０１６年、リオデジャネイロ五輪のさなか、山下さんから約15回にわたって聞き取りを行いました。そして『１０９歳、私の幸福論』が年末に出版の運びとなりました。以来、山下さんの生き方が、テレビや新聞、雑誌にも数多く取り上げられました。

その山下さんから「皇寿」（１１１歳）を記念して、もう1冊出版したいとの連絡を受けました。もっと、もっと次世代に伝えたいことがあったからでしょう。今回、あらためて山下さんにお話を伺ったほか、山下さんをよく知る方々にも多くのインタビューをしました。弟で１０５歳になる山下正巳さん、甥の山下敏光さんをはじめ、入所している「ベストライフ広島」や月1回講演に訪れている「にこにこサロン」の関係者、「モラロジー」

の仲間たち、主治医の田邉賢さんら15人の方々です。

その方々の山下さんとの思い出やメッセージも、聞き手である私の「一言」と一緒に、各項目ごとにコラムとして入れました。どなたの言葉も、山下さんへの敬愛に満ち溢れています。

山下さんは戦前の約30年間、台湾で生活しました。台湾東部の花蓮《かれん》では、郵便局に就職しました。そのときの経験が、山下さんのその後の人生に大きな影響を与えています。

2018年3月末、山下さんが住んでいた花蓮の住居跡を訪ねてみました。当時の痕跡はほとんどありませんでしたが、山下さんの少年期、青年期を振り返るのに、大いに役立ちました。

「皇寿」を迎えた山下さんの「伝言」に耳を傾けてみてください。

聞き手　松下 幸

山下 義一　（やましたよしかず）

明治40（1907）年4月10日、広島県竹原市生まれ。現在111歳。広島県の男性最長寿者。台湾で戦前を過ごす。戦後、広島に戻り広島地方貯金局に勤務。昭和42（1967）年に定年退職。その後、東洋プレミックス工業、たくみ印刷、ふじハイツセンターに勤務。72歳からボランティア活動にも力を入れ、町内会長、老人会長などを務める。モラロジー研究所の参与でもある。平成21（2009）年からは、介護付き老人ホームに入所。平成23（2011）年には、妻のナヲエさんとダイヤモンド婚。著書に『109歳、私の幸福論』（2016年、南々社）。現在もパソコンに向かう日々である。

松下 幸　（まつしたさち）

昭和34（1959）年生まれ。58歳。ライター。『109歳、私の幸福論』のために、平成28（2016）年6月から9月にかけて計15回、介護付き老人ホームなどで、山下さんから聞き取りを行った。平成29（2017）年12月から3月にかけ、再び山下さんのほか関係者から聞き取りを行った。

111歳。やっぱり、めでたい！

二〇一八年七月一一日　初版第一刷発行

著　者　山下義一
発行者　西元俊典
発行所　有限会社　南々社
広島市東区山根町二七－二　〒七三二－〇〇四八
電　話　〇八二－二六一－八二四三
ＦＡＸ　〇八二－二六一－八六四七
振　替　〇一三三〇－〇－六二四九八

印刷製本所　株式会社シナノパブリッシングプレス

ISBN978-4-86489-083-0